Temps d'incertitude, tant de certitudes

Collectif
Société Biblique de Genève

TEMPS D'INCERTITUDE, TANT DE CERTITUDES

Expérience de la fidélité de Dieu

LA MAISON DE LA BIBLE

Temps d'incertitude, tant de certitudes

Case postale 50
Chemin de Praz-Roussy 4bis
1032 Romanel-sur-Lausanne, Suisse

E-mail: info@bible.ch
Internet: https://www.maisonbible.net

Photo de couverture: le Cervin © Viviane André
Couverture: Olivia Festal

Sauf indication contraire, les textes bibliques sont tirés de la version Segond 21 © 2007 Société Biblique de Genève
https://www.universdelabible.net

ISBN édition imprimée 978-2-8260-3620-3
ISBN format epub 978-2-8260-0449-3
ISBN format pdf 978-2-8260-9565-1

Imprimé en République tchèque par Finidr

Table des matières

Préface

C'est dans le calme et la confiance que sera votre force. **Esaïe 30.15**

16 mars 2020: les librairies en France et en Suisse ferment, une semaine après l'Italie. Du jour au lendemain, un «rideau de fer» s'abat sur nos activités habituelles. Nous comprenons vite que nous entrons dans une période inédite à bien des égards.
Très rapidement, la vie habituelle s'arrête; les collaborateurs mis au chômage technique éprouvent, comme leurs contemporains, un isolement physique et social.
De surcroît, l'environnement, auparavant relativement sûr, devient source de danger et l'horizon se charge d'incertitudes: que penser? Que faire? Je songe alors au texte d'Esaïe 30.15: il me rappelle que nous n'avons pas à tenter de tout maîtriser,

à nous débattre dans des initiatives fiévreuses, mais à nous reposer sur ce que Dieu a accompli et opère chaque jour. Il est également un encouragement à incarner la paix de Dieu pour nos contemporains inquiets de la tournure prise par les événements.

En dehors de la gestion de la mission, comment assurer le lien entre les collaborateurs? Rapidement, un groupe WhatsApp se crée. Par ce biais, des nouvelles des uns et des autres, ainsi qu'une méditation quotidienne enregistrée, sont partagées. Celles et ceux qui préparent la méditation vivent quelque chose de spécial: un texte précis, accompagné d'un commentaire adéquat, leur vient à l'esprit, avec le sentiment indéfinissable que c'est ce qu'il faut pour ce jour-là. Sans doute l'auraient-ils commenté autrement dans d'autres circonstances, mais là, la conviction d'être utilisés pour apporter une parole précise à la mission les habite.

Dans ces 56 jours de confinement, nous aurons ainsi le privilège d'être ensemble connectés à un repère immuable: la Parole de Dieu. Ces méditations, dont l'équipe de la Société Biblique de Genève – La Maison de la Bible a bénéficié dans ce temps de crise, sont désormais disponibles pour vous. Si nous avons pu expérimenter la fidélité de Dieu à travers des réponses aux prières et des soutiens, ces réflexions auront été une réelle source d'encouragement et de renouvellement pour nous accompagner au travers de cette période incertaine.

Que notre Dieu puisse utiliser ce reflet d'un vécu de crise pour vous encourager au sein de vos circonstances, sereines ou troublées, et se dévoiler!

Christophe Argaud[1]

[1] Directeur de la Société Biblique de Genève – La Maison de la Bible.

Armes et forteresses

Jour 1

Si en effet nous vivons dans la réalité humaine, nous ne combattons pas de façon purement humaine. En effet, les armes avec lesquelles nous combattons ne sont pas humaines, mais elles sont puissantes, grâce à Dieu, pour renverser des forteresses. Nous renversons les raisonnements et tout obstacle qui s'élève avec orgueil contre la connaissance de Dieu, et nous faisons toute pensée prisonnière pour qu'elle obéisse à Christ.

2 Corinthiens 10.3-5

Nous sommes depuis hier[2] dans une crise sans précédent, quelque peu estomaqués par la rapidité avec laquelle nous passons d'un monde «normal» à l'inconnu.

[2] Date de la fermeture des librairies en France et en Suisse.

Dans une telle situation, nous pourrions penser être capables de sauver la mission par nous-mêmes et, finalement, employer ce que Paul dépeint comme des armes humaines.

En quoi consistent ces armes «humaines»? Il s'agit essentiellement de tenter de trouver des ressources indépendamment de notre Dieu. Une telle tentation est compréhensible, car nous vivons dans la réalité humaine, et car notre société nous a appris à raisonner et agir ainsi.

Cependant, cultiver l'indépendance vis-à-vis du Seigneur dans nos pensées revient à bâtir une forteresse qui doit être renversée. Ainsi, plus que jamais, nous avons besoin d'être travaillés en profondeur pour abandonner ce mode de vie et apprendre à dépendre entièrement de lui. Apprendre à combattre avec les armes divines, celles d'une sagesse «qui n'est pas de ce temps ni des chefs de ce temps» (1 Corinthiens 2.6). Et ainsi renverser des forteresses, qu'elles soient intérieures ou qu'elles se trouvent devant nous.

Prière Seigneur, les circonstances nous amènent à reconnaître, plus que jamais, notre besoin profond et vital de toi. Nous te demandons pardon pour les nombreuses fois où nous avons cherché ailleurs qu'en toi, parfois même contre toi, des solutions à nos questions. Que nos pensées soient renouvelées vers l'obéissance et la dépendance à Jésus-Christ. Amen.

17 mars 2020

Il les appelle tous par leur nom

Jour 2

Les nations sont pareilles à une goutte d'eau qui tombe d'un seau, elles sont comme de la poussière sur une balance, et les îles comme une fine poussière qui s'envole. (...)
Toutes les nations sont réduites à rien devant lui, elles comptent moins à ses yeux que le néant et le vide. (...)
Qui a créé cela? C'est celui qui fait sortir les corps célestes en bon ordre. Il les appelle tous par leur nom. Son pouvoir est si grand, sa force si puissante que pas un seul ne manque.
Pourquoi dis-tu, Jacob, et pourquoi affirmes-tu, Israël: «Ma situation échappe à l'Eternel, mon droit passe inaperçu de mon Dieu»?
Ne le sais-tu pas? Ne l'as-tu pas appris? C'est le Dieu d'éternité, l'Eternel, qui a créé

les extrémités de la terre. Il ne se fatigue pas, il ne s'épuise pas. Son intelligence est impénétrable.
Il donne de la force à celui qui est fatigué et il multiplie les ressources de celui qui est à bout. Les adolescents se fatiguent et s'épuisent, les jeunes gens se mettent à trébucher, mais ceux qui comptent sur l'Eternel renouvellent leur force. Ils prennent leur envol comme les aigles. Ils courent sans s'épuiser, ils marchent sans se fatiguer.»

Esaïe 40.15-31

Ce texte inaugure la section des chapitres 40 à 48 d'Esaïe, destinée à présenter le Dieu incomparable au peuple juif, que le prophète entrevoit exilé à Babylone. Dans cette situation d'enfermement, loin de son pays d'origine, le peuple pourra être exposé à plusieurs tentations: celle de l'idolâtrie et du découragement («Si nous avons été défaits en adorant le Dieu unique, pourquoi ne pas nous tourner vers les dieux des nations?») et celle de la contestation («Pourquoi l'Eternel ne nous fait-il pas justice?»).

Dans cette majestueuse introduction, Esaïe va souligner la grandeur de Dieu, son omnipotence et son omniscience, en les opposant à la fragilité et au néant des nations. D'un autre côté, il va montrer que l'Eternel se soucie de chaque situation individuelle, qu'il soutient et renouvelle ceux qui comptent sur lui.

Les nations, aujourd'hui ébranlées par un virus d'une taille de 100 nanomètres, et les économies, durablement affectées, illustrent fort bien le vide et le néant évoqués par Esaïe à leur sujet. Et ce n'est pas nouveau: l'Empire babylonien lui-même a chuté en une seule nuit. Pourtant, «l'histoire nous apprend que l'homme n'apprend rien de l'histoire», remarquait le philosophe Hegel.

La crise actuelle nous invite donc à nous tourner vers le Dieu à «l'intelligence impénétrable, qui appelle tous les corps célestes par leur nom, à la force si puissante que pas

un seul ne manque», afin de nous reposer et nous fonder sur lui. Espérance d'un peuple exilé hier, appui aujourd'hui pour un peuple éprouvé.
La conscience d'un Dieu aussi majestueux pourrait cependant nous écraser ou nous inhiber. D'ailleurs, un tel Dieu s'intéresse-t-il à chacun de nous? La deuxième partie du texte proposé répond avec une vigueur peu commune à cette interrogation. S'il voit l'ensemble de l'univers, l'Eternel discerne également tous les ressorts de chaque situation et voit particulièrement celui qui est fatigué ou à bout. Et non seulement il voit, mais il renouvelle et soutient ceux qui savent n'avoir d'autre option que de compter sur lui.

Prière Seigneur, mes fausses certitudes et mes faux appuis se dérobent l'un après l'autre. Chaque jour qui passe me convainc de leur fragilité, et cela me fait réfléchir. Réfléchir à ce que tu connais: ces myriades d'astres non encore découverts, mais aussi le tréfonds de chacun de nos cœurs. Réfléchir à mes appuis et aux priorités de ma vie. Réfléchir à ce que tu fais, en soutien à la création et aussi en renouvellement de ceux qui, bien que déstabilisés ou fatigués, veulent compter sur toi. Seigneur, renouvelle mes forces spirituelles, psychiques et physiques pour les jours à venir. Amen.

18 mars 2020 ■

La sagesse en temps de confinement

Jour 3

La sagesse crie dans les rues, elle parle tout haut sur les places, elle appelle à l'entrée des endroits bruyants. Aux portes, dans la ville, elle fait entendre ses paroles.

Proverbes 1.20-21

En effet, c'est l'Eternel qui donne la sagesse, c'est de sa bouche que sortent la connaissance et l'intelligence. Proverbes 2.6

La sagesse est un arbre de vie pour ceux qui s'attachent à elle, et ceux qui la possèdent sont heureux. Proverbes 3.18

Dans le livre des Proverbes, la sagesse crie sur les places… Aujourd'hui, nous nous demandons plutôt comment la vivre en temps de confinement. Mais qu'est-ce que la sagesse?

Vivre la sagesse, c'est essentiellement nous laisser transformer par le renouvellement de l'intelligence, afin de traduire en actes ce que nous savons. Nous pouvons connaître beaucoup de choses à propos de Dieu, mais, par nos actes et nos pensées, ne pas être en accord avec cette connaissance. Ou, inversement, nous pouvons savoir moins de choses, mais démontrer une grande sagesse à travers nos actes et notre manière de penser.

En période de confinement, les versets cités en entête nous proposent deux axes pour grandir dans ce domaine: renouveler nos pensées et laisser la vie de Dieu se manifester dans nos actes, incarner la sagesse.

1. Renouveler nos pensées. Ces semaines particulières sont pour nous l'occasion de passer plus de temps seuls avec Dieu,

d'autant plus que les *fake news* abondent. Cela passe par un «jeûne» des réseaux sociaux et des médias en général. Ainsi, nous pourrons donner la priorité à cette communion avec le Seigneur et le laisser changer notre manière de penser par sa révélation écrite et par la prière.

2. Laisser la vie de Dieu se manifester dans nos actes, incarner la sagesse. Quand le prologue de l'Evangile selon Jean évoque Jésus, la Parole incarnée, le terme *logos* employé renvoie à la sagesse de l'Ancien Testament et des Proverbes. Ainsi, les Juifs savaient parfaitement qui était Jésus et de quel Esprit il était rempli.

Pour nous, incarner la sagesse, c'est représenter Christ à travers notre façon d'être et, aussi, à travers nos relations, en maintenant concrètement un lien avec les autres, en particulier avec celles et ceux qui ne connaissent pas le Seigneur.

Incarner la sagesse, c'est également intercéder les uns pour les autres et nous laisser interpeller par eux et par la grâce qu'ils ont reçue, afin de grandir dans ce domaine.

Prière Seigneur, tu es l'incarnation parfaite de la sagesse divine. Merci de ce que tu es devenu notre sagesse par la volonté de Dieu.[3] Et merci de changer, par ton Esprit, ma manière de penser et mon comportement, afin de les rendre conformes à ton image. Amen.

19 mars 2020

[3] 1 Corinthiens 1.30.

Le Dieu absolument saint

Jour 4

L'année de la mort du roi Ozias, j'ai vu le Seigneur assis sur un trône très élevé; le bord inférieur de son vêtement remplissait le temple. Des séraphins se tenaient au-dessus de lui. Ils avaient chacun six ailes: deux dont ils se couvraient le visage, deux dont ils se couvraient les pieds et deux dont ils se servaient pour voler. Ils se criaient l'un à l'autre: «Saint, saint, saint est l'Eternel, le maître de l'univers! Sa gloire remplit toute la terre!» Les montants des portes se sont mis à trembler à cause de la voix qui retentissait et le temple a été rempli de fumée.
Alors j'ai dit: «Malheur à moi! Je suis perdu, car je suis un homme aux lèvres impures, j'habite au milieu d'un peuple aux lèvres impures et mes yeux ont vu le roi, l'Eternel, le maître de l'univers!»

Cependant, l'un des séraphins a volé vers moi, tenant une braise qu'il avait prise sur l'autel à l'aide de pincettes. Il a touché ma bouche avec elle et a dit: «Puisque ceci a touché tes lèvres, ta faute est enlevée et ton péché est expié.»
J'ai entendu le Seigneur dire: «Qui vais-je envoyer et qui va marcher pour nous?»
J'ai répondu: «Me voici, envoie-moi!»

Esaïe 6.1-8

De cette scène saisissante et de ce dialogue entre le Dieu de majesté et le prophète, je retiens trois idées fortes: l'absolue sainteté de Dieu, le «Malheur à moi!» d'Esaïe et le rétablissement des liens.

1. L'absolue sainteté de Dieu. Quand une chose est répétée à plusieurs reprises en hébreu, c'est pour affirmer son caractère absolu (cf. Jérémie 7.4). La description que fait ici Esaïe est étonnamment sobre, sans doute parce que la sainteté de l'Eternel est telle qu'elle en est indescriptible!

2. Le «Malheur à moi!» d'Esaïe. Si l'on replace ce cri spontané du prophète dans le contexte du livre, on voit qu'il suit les six «malheur» prononcés sur le peuple au chapitre 5. Il est intéressant de remarquer que, confronté à l'absolue sainteté de Dieu, Esaïe prononce spontanément un malheur sur lui-même et non sur le peuple. Ainsi, notre regard sur nous-mêmes change considérablement, lorsque nous sommes exposés à la sainteté divine.

Calvin disait: «Si nous nous mettons à élever nos pensées jusqu'à Dieu, bien conscients de qui il est, (...) ce qui jusque-là nous apparaissait à tort juste se recouvre des couleurs hideuses de la pollution.»[4] Esaïe (64.5) ne dit pas autre chose quand il constate que «toute notre justice est pareille à un habit taché de sang». Ainsi, ce que nous pourrions considérer comme beau ou juste apparaît comme souillé en présence de la sainteté de Dieu.

3. Le lien rétabli avec Esaïe, et avec nous. Ici, le Dieu saint prend l'initiative d'entrer

[4] *Institution de la religion chrétienne mise en français moderne*, I.I.2, Excelsis & Kerygma, 2009.

en relation avec Esaïe et de le purifier, comme il le fait avec nous par l'œuvre et le sang de Jésus. Et non seulement il rétablit le lien avec nous, mais il nous appelle, tout comme il a appelé le prophète. Si la vocation confiée à ce dernier était clivante, la nôtre est d'être ambassadeurs pour Jésus-Christ, «comme si Dieu adressait par nous son appel» (2 Corinthiens 5.20). Que lui répondre alors, sinon: «Me voici, envoie-moi»?

Prière Merci, Seigneur, parce que tu es à la fois le Dieu absolument saint et mon Père. En tant qu'être humain mortel, je pourrais trembler devant toi comme hier Esaïe, mais aujourd'hui, je peux venir à toi avec la liberté d'un enfant devant son papa. Merci, car ce que je considérais auparavant comme juste et beau, et qui n'est en réalité qu'un vêtement souillé, peut être purifié, renouvelé par ta grâce, pour être mis à ton service! Amen.

20 mars 2020

«Si tu avais été ici, mon frère ne serait pas mort»

Jour 5

Marthe dit à Jésus: «Seigneur, si tu avais été ici, mon frère ne serait pas mort.» (...)
Jésus lui dit: «Ton frère ressuscitera.»
«Je sais, lui répondit Marthe, qu'il ressuscitera lors de la résurrection, le dernier jour.»
Jésus lui dit: «C'est moi qui suis la résurrection et la vie. Celui qui croit en moi vivra, même s'il meurt; et toute personne qui vit et croit en moi ne mourra jamais. Crois-tu cela?» (...)
Marie arriva à l'endroit où était Jésus. Quand elle le vit, elle tomba à ses pieds et lui dit: «Seigneur, si tu avais été ici, mon frère ne serait pas mort.»
En la voyant pleurer, elle et les Juifs venus avec elle, Jésus fut profondément indigné

et bouleversé. Il dit: «Où l'avez-vous mis?» «Seigneur, lui répondit-on, viens et tu verras.»
Jésus pleura. (…)
Jésus, de nouveau profondément indigné, se rendit au tombeau. (…)
Jésus dit: «Enlevez la pierre.»
Marthe, la sœur du mort, lui dit: «Seigneur, il sent déjà, car il y a quatre jours qu'il est là.»
Jésus lui dit: «Ne t'ai-je pas dit que si tu crois, tu verras la gloire de Dieu?»

Jean 11.21-40

Alors que le deuil ou la maladie frappent ici et là, l'épisode de la résurrection de Lazare me touche. Je retiens plus particulièrement trois aspects: notre différence de sensibilité face à la mort, ce que nous apprenons sur Jésus et l'espérance qu'il fonde.

1. Notre différence de sensibilité et de rapport à la mort. Marthe et Marie abordent Jésus avec les mêmes mots («Si tu avais été ici, mon frère ne serait pas mort»), mais

ces mots traduisent des réalités différentes chez l'une et chez l'autre. Marthe réagit de manière cérébrale, pour peut-être prendre des distances avec les émotions qui la submergent. Et elle est encore dans ce mode lorsque Jésus approche du tombeau de Lazare («Seigneur, il sent déjà, car il y a quatre jours qu'il est là»). Marie, elle, laisse libre cours à ses sentiments, à sa tristesse. Elle pleure.

A l'image de ces deux sœurs, nous réagissons tous différemment face à la mort. Et nous pouvons être tour à tour comme l'une ou comme l'autre. Mais il n'y a rien d'anormal à cela. Il n'existe en outre aucune attitude qui serait plus appropriée ou plus spirituelle que l'autre.

2. Ce que nous apprenons sur Jésus, plus sensible que quiconque devant la détresse des hommes. Le Seigneur était infiniment plus sensible à tout ce qui caractérise la condition humaine et, en particulier, au péché et ses conséquences, comme il le manifeste ici face à l'effet que la mort produit sur les hommes sans espérance.

Profondément indigné et bouleversé, il est aussi extrêmement sensible et pertinent dans ses réponses à Marthe et Marie.
Lorsque la première répond: «Je sais qu'il ressuscitera le dernier jour» en se basant sur Daniel 12.2, Jésus veut la conduire à saisir le présent de la résurrection: «C'est moi qui suis la résurrection et la vie», lui dit-il. Puis, face au tombeau, il lui pose cette question: «Ne t'ai-je pas dit que si tu crois, tu verras la gloire de Dieu?»
Pour Marie, Jésus ne formule pas de réponse; il pleure. Il est avec elle, s'associe à sa peine, sans paroles. Cette sensibilité et cette pertinence me conduisent à l'admiration et à l'adoration envers mon Seigneur. C'est lui, aujourd'hui comme hier, qui saura le mieux nous parler.
3. L'espérance et le chemin de vie que Jésus fonde pour aujourd'hui. Le Seigneur ne dit pas: «Je serai» ni: «J'ai été la résurrection et la vie.» Alors que nous sommes prompts à croire que Dieu est puissant dans le passé ou qu'il le sera dans l'avenir, ici, l'affirmation est au présent. Elle nous ouvre un chemin de

vie maintenant, au moment même où nous lisons ces lignes. Et cette vie est associée à celle de Christ, puisqu'il dit à ses disciples et, à travers eux, à nous: «parce que moi je vis, vous aussi vous vivrez» (Jean 14.19, traduction J. N. Darby).

Prière Merci, Seigneur, pour la sensibilité de ton cœur envers ceux qui sont dans la peine. Personne n'est semblable à toi dans tes mots et tes attitudes. Merci de cette parole: «C'est moi qui suis la résurrection et la vie», qui traverse les âges pour fonder l'espérance de notre résurrection et nous ouvrir un chemin de vie aujourd'hui. Amen.

21 mars 2020

«Portes, élevez vos linteaux! Que le roi de gloire fasse son entrée!»

Jour 6

C’est à l’Eternel qu’appartient la terre avec tout ce qu’elle contient,
le monde avec tous ceux qui l’habitent,
car il l’a fondée sur les mers
et affermie sur les fleuves.
Qui pourra monter à la montagne de l’Eternel?
Qui pourra se tenir dans son lieu saint?
Celui qui a les mains innocentes et le cœur pur,
celui qui ne se livre pas au mensonge
et qui ne fait pas de serments trompeurs.
Il obtiendra la bénédiction de l’Eternel,
la justice du Dieu de son salut.

Telle est la génération de ceux qui te cherchent,
qui aspirent après toi, Dieu de Jacob!

– Pause.

Portes, élevez vos linteaux!
Elevez-vous, portes éternelles!
Que le roi de gloire fasse son entrée!
Qui est ce roi de gloire?
L'Eternel, si fort et si puissant,
l'Eternel puissant dans les combats!

Psaume 24.1-8

Qui de nous pourra tenir un instant près d'un feu dévorant? Qui de nous pourra résister un seul instant près des flammes éternelles? C'est celui qui se conforme à la justice et parle avec droiture, qui rejette un gain obtenu par extorsion, qui secoue les mains pour refuser un pot-de-vin, qui se bouche l'oreille pour ne pas entendre parler de meurtre et qui se bande les yeux pour ne pas voir le mal: celui-là aura pour résidence des endroits élevés et des rochers escarpés lui serviront de

forteresse; du pain lui sera fourni, de l'eau lui sera assurée.
Tes yeux verront le roi dans toute sa beauté, ils contempleront le pays dans toute son étendue. **Esaïe 33.14-17**

Ce psaume est d'actualité dans un temps de crise comme celui que nous vivons, car d'un côté, il nous rappelle que l'Eternel possède tout, et, d'un autre côté, il nous incite à nous interroger sur notre pureté de cœur et sur l'accueil que nous réservons au roi de gloire.
Dieu possède et maîtrise tout. Voilà qui est particulièrement rassurant dans une période marquée par l'incertitude.
Le verset 1 du Psaume 24 m'avait déjà parlé il y a quelques années lorsque, face à un projet d'achat de local pour une Eglise, avec ma femme, nous avions eu ce texte à l'esprit. Il nous avait encouragés à remettre ce besoin au Dieu à qui «appartient la terre avec tout ce qu'elle contient».

Après avoir eu la conviction de donner une somme quelque peu modique, nous avions été ébahis d'apprendre que quelqu'un d'autre avait donné exactement le montant complémentaire permettant de répondre à ce grand besoin.
Les textes proposés aujourd'hui nous font réfléchir à trois niveaux quant à notre aptitude à nous tenir en présence de l'Eternel: à propos de la pureté de nos actes, de la pureté de notre cœur et de la pureté de nos paroles.
Les trois sont indissociables, mais cette triple pureté n'est pas une religion: elle est tournée vers Dieu et émane en effet de ceux qui le cherchent (Psaume 24.6) et verront le roi qui vient (Esaïe 33.17).
Le Psaume 24 se termine justement par l'annonce de ce roi qui vient, espérance pour l'avenir, mais qui nous interpelle aujourd'hui et nous amène à nous demander: «Les portes de mon cœur sont-elles suffisamment ouvertes pour laisser entrer le roi de gloire, ou dois-je d'abord lui faire de la place?»

Prière Eternel, merci parce que tu es mon Père et que la terre t'appartient. Je peux ainsi dépendre de toi et te confier ceux qui ont des besoins. Tu es saint, et je désire être purifié(e) pour entrer dans ta présence et t'honorer par mes lèvres, mes pensées, mes actes. Père, je désire ouvrir les portes de mon cœur pour te laisser entrer pleinement. Amen.

22 mars 2020

Marcher dans l'obscurité

Jour 7

Qui parmi vous craint l'Eternel et écoute son serviteur? Si quelqu'un marche dans l'obscurité et manque de lumière, qu'il place sa confiance dans le nom de l'Eternel et s'appuie sur son Dieu! Esaïe 50.10

Je ferai marcher les aveugles sur un chemin qu'ils ne connaissent pas, je les conduirai par des sentiers qu'ils ignoraient; je changerai les ténèbres en lumière devant eux et je redresserai les passages tortueux.
Voilà ce que je ferai, et je ne les abandonnerai pas. Esaïe 42.16

■ Remettons ces deux textes dans leur contexte: Esaïe fait apparaître plusieurs figures dans la deuxième partie de son livre, qui traite du salut et de la guérison apportés par Dieu à son peuple.

* La première figure, dans les chapitres 40 à 48, est celle de l'Eternel, pareil à aucun autre, infiniment plus grand que toutes les idoles que l'homme se donne.
* Dans les chapitres 49 à 57, c'est celle du serviteur qui domine; il est d'abord présenté comme celui qui vient en toute discrétion (ch. 42), puis comme lumière pour les nations (ch. 49), comme le disciple insulté (ch. 50) et, enfin, sous les traits du serviteur souffrant, livré pour nos fautes (ch. 52 et 53).

Je trouve très beau qu'à la fois l'Eternel incomparable et le serviteur qui «procurera la justice à beaucoup d'hommes» soient mentionnés dans le petit texte d'Esaïe 50. Ils sont ainsi à côté de nous sur un chemin d'obscurité. En effet, si nous

avions l'illusion de savoir de quoi l'avenir serait fait, les incertitudes actuelles, qu'elles soient d'ordre économique ou liées à la santé, n'ont pas été aussi nombreuses depuis longtemps.
Nous pourrions alors être tentés de marquer une pause en attendant d'y voir plus clair. Cependant, ces textes nous encouragent à nous mettre en mouvement, à marcher sur un chemin obscur et inconnu. Marcher, même quand la prochaine étape n'est pas définie. Ce n'est possible que dans la mesure où nous ne sommes pas seuls: notre Dieu nous précède sur cette route, l'éclaire et l'aplanit. Sa volonté est également de nous conduire sur des chemins nouveaux, que nous n'aurions jamais empruntés sans ces circonstances, afin de nous faire grandir.
Dans toutes ces choses, l'Eternel incomparable et son serviteur ne nous abandonneront pas.

Prière Merci, Eternel, parce que tu nous précèdes et nous accompagnes sur une route qui paraît bien incertaine et obscure. Merci pour tes plans de salut accomplis dans la personne du serviteur et pour sa présence à nos côtés chaque jour. Je suis émerveillé(e) par tes promesses et tes pensées, notamment par ta manière d'utiliser les circonstances actuelles pour me faire découvrir des chemins que je ne connaissais pas. Amen.

23 mars 2020

En attendant...

Jour 8

J'estime que les souffrances du moment présent ne sont pas dignes d'être comparées à la gloire qui va être révélée pour nous. De fait, la création attend avec un ardent désir la révélation des fils de Dieu. (...)
Nous aussi, qui avons pourtant dans l'Esprit un avant-goût de cet avenir, nous soupirons en nous-mêmes en attendant l'adoption, la libération de notre corps. (...)
De même l'Esprit aussi nous vient en aide dans notre faiblesse. En effet, nous ne savons pas ce qu'il convient de demander dans nos prières, mais l'Esprit lui-même intercède pour nous par des soupirs que les mots ne peuvent exprimer. Et Dieu qui examine les cœurs sait quelle est la pensée de l'Esprit, parce que c'est en accord avec lui qu'il intercède en faveur des saints.

Du reste, nous savons que tout contribue au bien de ceux qui aiment Dieu, de ceux qui sont appelés conformément à son plan. En effet, ceux qu'il a connus d'avance, il les a aussi prédestinés à devenir conformes à l'image de son Fils, afin que celui-ci soit le premier-né d'un grand nombre de frères. Ceux qu'il a prédestinés, il les a aussi appelés; ceux qu'il a appelés, il les a aussi déclarés justes; et ceux qu'il a déclarés justes, il leur a aussi accordé la gloire.

Romains 8.18-30

Vous est-il arrivé de ressentir un manque profond dans votre vie? Paul décrit ce sentiment avec une grande acuité dans ces versets. Il montre:

* qu'il manque quelque chose à la création, car, frappée par la vanité suite à la chute dans le jardin d'Eden et abîmée aujourd'hui par l'activité humaine, elle soupire en attendant d'être renouvelée;

* que la santé, ou la pleine capacité d'utiliser notre corps comme nous le voudrions, peut nous faire défaut;
* que, si nous sommes déjà adoptés (v. 14-17), il nous manque l'entière réalisation de cette adoption, puisque nous ne sommes pas encore en mesure de voir face à face notre Père céleste, notre «papa»;
* qu'il nous manque, plus particulièrement au sein de la souffrance, la sagesse de savoir que demander dans nos prières.

C. S. Lewis remarquait: «Si je découvre en moi un désir qu'aucune expérience au monde ne puisse satisfaire, l'explication plausible ne serait-elle pas que je suis fait pour un autre monde?»[5] Paul met justement en regard des manques que nous ressentons l'assurance qu'un jour, le salut qu'il présente connaîtra un plein accomplissement: la création sait qu'elle sera libérée de l'inconsistance à laquelle elle a été soumise, et nous savons que nous pourrons vivre la

5 C. S. Lewis, *Les fondements du christianisme*, Editions LLB, 2013, p. 143.

pleine dimension de notre adoption à travers la transformation de notre corps de faiblesse. Cette perspective est même tellement certaine que l'expression «accorder la gloire» est employée au passé (v. 30).

Dès aujourd'hui, nous pouvons trouver une réponse à nos manques à travers «un avant-goût de cet avenir». En effet, nous ne sommes plus seuls, puisque l'Esprit, Dieu et Jésus intercèdent pour nous (v. 26-27, 34). Et, si nous ne «savons pas ce qu'il convient de demander», nous «savons que tout contribue au bien de ceux qui aiment Dieu». Loin d'être une assurance que rien de fâcheux ne pourra jamais nous arriver (ce qui serait en contradiction avec le début du passage), ce «bien» consiste dans notre transformation «à l'image de son Fils». Quoi de plus glorieux?

Prière Seigneur, merci parce que mon avenir est entre tes mains et qu'il est assuré. Même si j'aspire ardemment au moment où ta gloire me sera révélée, j'aimerais, en attendant, devenir chaque jour un peu plus conforme à ton image. Amen.

24 mars 2020

Revenez!

Jour 9

Seigneur, tu as été pour nous un refuge
de génération en génération.
(...)
Tu fais retourner les hommes à la poussière
et tu leur dis: «Fils d'Adam, retournez à
la terre!»
car 1000 ans sont à tes yeux
comme la journée d'hier: elle passe
comme le quart de la nuit.
Tu les emportes, semblables à un rêve
qui, le matin, passe comme l'herbe.
(...)
Tu mets devant toi nos fautes,
et ta lumière éclaire nos secrets.
(...)
Qui a conscience de la force de ta colère
et de ton courroux pour te craindre?
Enseigne-nous à bien compter nos jours,

afin que notre cœur parvienne à la sagesse!
(...)
Rassasie-nous chaque matin de ta bonté,
et nous serons toute notre vie dans la joie et l'allégresse.
(...)
Que la grâce de l'Eternel, notre Dieu, soit sur nous! **Psaume 90**

Cette prière de Moïse nous parle de l'impression – que nous croyons moderne – du temps qui passe de plus en plus vite. Elle met en évidence le contraste entre cette frénésie, cette impression du temps qui nous file entre les doigts d'une part et, de l'autre, nos péchés, même inavoués. Et nous voyons qu'à la fin du psaume, quand la communion avec Dieu est rétablie, le stress du temps qui nous échappe est dissipé. Il y a là quelque chose à méditer!
Si je n'ai le temps de ne rien faire, c'est peut-être que je me laisse prendre par le temps des hommes, au lieu de m'en

remettre au temps de Dieu. Lui, il n'agit pas dans la précipitation ni la frénésie. Il nous accorde le temps dont nous avons besoin. Alors, quand nous commençons à penser que nous n'avons pas le temps… c'est sûrement qu'il est temps… que nous prenions le temps… de nous en remettre à lui. En effet, si, pour lui, 1000 ans sont comme la journée d'hier, nous savons qu'il peut aussi faire durer une journée comme 1000 ans (2 Pierre 3.8).

Ce texte décrit par ailleurs une situation de panique des hommes: leur peur de rencontrer un Dieu rempli de colère à leur égard à cause de leur trahison, de leurs fautes et de leur hypocrisie…

Il y a donc un gouffre qui sépare, d'un côté, des êtres humains agités dans la frayeur et, de l'autre, un Dieu tout-puissant, éternel, en colère.

Alors, où est le remède? Comment passer de la frénésie incontrôlée d'une vie éphémère, qui fait face au courroux divin, à une nouvelle vie de joie et d'allégresse, dans la présence d'un Dieu d'amour?

En lisant bien, on voit que Dieu ne dit qu'une seule parole dans ce psaume: «Fils d'Adam, retournez à la terre!» (v. 3) ou, plus littéralement: «Revenez!»

Ce sont les hommes qui parlent de sa colère terrible et de sa volonté de les réduire en poussière. Lui, il leur dit simplement: «Revenez»!

Ceux qui répondent à cet appel connaissent le bonheur d'une vie où la mort a relâché sa proie et qui est vécue dans la présence du Père.

Il suffit donc à l'homme de se retourner pour se rendre compte que Dieu est là et l'attend. Dieu ne nous tourne jamais le dos. Il attend que nous revenions à lui.

«Si nous sommes infidèles, lui reste fidèle» (2 Timothée 2.13), et il est proche de chaque être humain (cf. Actes 17.27). Il ne refuse jamais sa grâce à celui qui se tourne vers lui (cf. Jérémie 29.13).

Alors, à notre tour, soyons toujours disposés à accueillir celui qui revient vers nous! Et que notre Dieu nous aide à voir les choses comme lui, il les voit!

Prière Seigneur, je suis incorrigible: je sais que la paix et la liberté sont auprès de toi, et pourtant, je glisse constamment vers les vaines illusions du monde où je vis. Pardonne-moi et donne-moi la foi de revenir toujours à toi, à l'abri de ta grâce.

25 mars 2020

Je suis l'Eternel

Jour 10

Tu ne cueilleras pas non plus les grappes restées dans ta vigne et tu ne ramasseras pas les grains qui en seront tombés. Tu le laisseras au pauvre et à l'étranger.
Je suis l'Eternel, votre Dieu.
(...)
Tu n'exploiteras pas ton prochain et tu ne prendras rien par violence. Tu ne garderas pas chez toi jusqu'au lendemain la paie d'un salarié.
(...)
La quatrième année, tous leurs fruits seront consacrés à l'Eternel au milieu des réjouissances. La cinquième année, vous mangerez leurs fruits et vous continuerez à les récolter.
Je suis l'Eternel, votre Dieu.
(...)
Si un étranger vient séjourner avec vous dans votre pays, vous ne le maltraiterez pas.

Vous traiterez l'étranger en séjour parmi vous comme un Israélite, comme l'un de vous; vous l'aimerez comme vous-mêmes, car vous avez été étrangers en Egypte.
Je suis l'Eternel, votre Dieu.

Lévitique 19.10-34

Ce chapitre du Lévitique est ponctué par un refrain: «Je suis l'Eternel, votre Dieu.» Il contient plusieurs injonctions, notamment celles mentionnées aux versets 3 à 8: ne pas imiter les nations, ne pas avoir d'autres dieux, respecter les sabbats, honorer père et mère.
Si l'on établit un parallèle avec la parabole des deux fils en Luc 15, on peut dire que ces commandements-là sont plutôt destinés à celles et ceux qui ressemblent au fils prodigue. Les préceptes mentionnés dans la lecture proposée, en revanche, concernent davantage les «fils aînés»: ceux qui pensent faire ce qui convient, mais qui ne connaissent guère le cœur de leur père.

Ces textes nous interrogent par rapport à nos biens et au regard que nous portons sur celui qui est différent de nous.
Concernant ce que nous possédons, nous sommes appelés à en laisser une part au pauvre et à l'étranger. Les responsables d'entreprise sont exhortés à veiller particulièrement au bien de leurs salariés. Et tous, nous sommes appelés à consacrer la première et la meilleure part de nos richesses à l'Eternel.
Regarder notre prochain avec bienveillance, cultiver l'altérité, c'est d'abord ne pas exploiter l'autre. C'est accueillir l'étranger et respecter ses droits imprescriptibles. C'est encore le respecter en nous souvenant que nous aussi, nous avons été «étrangers en Egypte» et que l'intention de Dieu était de nous libérer de l'oppression et de nous faire marcher «la tête haute» (cf. Lévitique 26.13). Enfin, c'est être équitables en toutes circonstances, ne pas utiliser deux poids et deux mesures.
Notre Dieu n'est pas sélectif dans ses demandes: il garde un équilibre entre celles

qu'il adresse aux «fils cadets» et celles qu'il adresse aux «fils aînés». Fils et filles aînés, laissons-nous questionner par ces exhortations, afin de ne pas racornir notre cœur mais de l'ouvrir à celles et ceux qui en ont le plus besoin et d'obéir avec joie à celui qui déclare à 16 reprises: «Je suis l'Eternel, votre Dieu.»

Prière Seigneur Eternel, tu connais et tu vois tout. Tu détestes l'injustice et l'orgueil. Chasse-les de mon cœur, s'il te plaît, et aide-moi à être ouvert(e) envers toute femme et tout homme que tu places sur mon chemin et qui est fait(e) à ton image. Amen.

26 mars 2020

Se voir

Jour 11

Les frères de Rome, qui avaient reçu de nos nouvelles, sont venus à notre rencontre jusqu'au Forum d'Appius et aux Trois-Tavernes. En les voyant, Paul a remercié Dieu et pris courage. (...) Paul accueillait tous ceux qui venaient le voir. Actes 28.15-30

Je désire en effet vous voir pour vous communiquer un don spirituel afin que vous soyez affermis. Romains 1.11

Je ne veux pas, cette fois-ci, vous voir seulement en passant, mais j'espère rester quelque temps avec vous, si le Seigneur le permet.
1 Corinthiens 16.7

Nous avons redoublé d'efforts pour vous revoir, car c'était notre grand désir.
1 Thessaloniciens 2.17

Je désire te voir afin d'être rempli de joie.

2 Timothée 1.4

Il est le seul à posséder l'immortalité, lui qui habite une lumière inaccessible et qu'aucun homme n'a vu ni ne peut voir.

1 Timothée 6.16

Vous l'aimez sans l'avoir vu, vous croyez en lui sans le voir encore. **1 Pierre 1.8**

J'ai été récemment étonné par les nombreux textes qui parlent de se voir les uns les autres, dans le Nouveau Testament. En période de confinement, nous voyons nos proches, gardons certes un contact visuel avec nos collègues ou amis par des moyens de visioconférence, mais nous voir les uns les autres librement nous manque. Cela nous fait prendre conscience de trois choses: l'importance des interactions, la possibilité de voir Dieu dans les chrétiens et notre rôle de représentants de Dieu.

* Les interactions personnelles directes ont de l'importance. Aujourd'hui, nous avons heureusement beaucoup plus de moyens techniques de nous voir qu'au temps des apôtres. Cultivons ainsi ces relations amicales et fraternelles, particulièrement avec celles et ceux qui sont seuls.
* Nous ne voyons pas Dieu directement, mais nous pouvons le voir dans les chrétiens. En effet, le Christ est en train d'être formé dans nos frères et sœurs; son image se développe jour après jour en eux. Lorsqu'ils voient la gloire du Seigneur, ils sont eux-mêmes «transformés de gloire en gloire» (2 Corinthiens 3.18). Nous pouvons ainsi changer notre manière de les percevoir: non plus nous focaliser sur tel ou tel trait de caractère qui nous amuse ou nous agace, mais voir Dieu à l'œuvre en eux.
* C'est nous qui représentons Dieu vis-à-vis de nos concitoyens; nous sommes les seuls «Jésus» que nos contemporains connaissent, comme le faisait remarquer

Rebecca Pippert[6]. Dans ces temps singuliers, entretenons des relations sans forcément prêcher, mais simplement que le Christ soit vu en nous.

Prière Merci, notre Dieu, pour l'espérance de te voir face à face pour toujours. Merci parce que ton plan est de nous rendre chaque jour plus conformes à l'image de Jésus-Christ, afin qu'il soit vu en nous. Merci pour mes frères et sœurs qui sont sur le même chemin et te révèlent d'un aspect parfois nouveau pour moi. Amen.

27 mars 2020

[6] Rebecca Pippert, *La saveur partagée*, Farel, 1986 (livre épuisé)

Celui qui est

Jour 12

«C'est pourquoi je vous ai dit que vous mourrez dans vos péchés. En effet, si vous ne croyez pas que *moi, je suis*, vous mourrez dans vos péchés.»
«Toi, qui es-tu?», lui dirent-ils.
Jésus leur répondit: «Ce que je vous dis depuis le début. J'ai beaucoup de choses à dire et à juger à votre sujet, mais celui qui m'a envoyé est vrai, et ce que j'ai entendu de lui, je le dis au monde.»
Ils ne comprirent pas qu'il leur parlait du Père. Jésus leur dit donc: «Quand vous aurez élevé le Fils de l'homme, alors vous reconnaîtrez que *moi, je suis* et que je ne fais rien de moi-même, mais que je dis ce que mon Père m'a enseigné.» (...)
Jésus leur dit: «En vérité, en vérité, je vous le dis, avant qu'Abraham soit né, *je suis.*»

Jean 8.24-58

L'Eternel dit: «J'ai vu la souffrance de mon peuple qui est en Egypte et j'ai entendu les cris qu'il pousse devant ses oppresseurs. Oui, je connais ses douleurs. Je suis descendu pour le délivrer de la domination des Egyptiens et pour le faire monter de ce pays jusque dans un bon et vaste pays, un pays où coulent le lait et le miel.» (...)
Dieu dit à Moïse: «Je suis celui qui suis.» Et il ajouta: «Voici ce que tu diras aux Israélites: 'Je suis m'a envoyé vers vous.'»
Dieu dit encore à Moïse: «Voici ce que tu diras aux Israélites: 'L'Eternel, le Dieu de vos ancêtres, le Dieu d'Abraham, le Dieu d'Isaac et le Dieu de Jacob, m'envoie vers vous.' Tel est mon nom pour toujours, tel est le nom sous lequel on fera appel à moi de génération en génération.»

Exode 3.7-15

«Je suis l'Alpha et l'Oméga, dit le Seigneur Dieu, celui qui est, qui était et qui vient, le Tout-Puissant.»

Apocalypse 1.8

Dans un long dialogue avec les pharisiens, après l'épisode de la femme adultère, Jésus se présente à ses auditeurs de manière énigmatique. Il va à trois reprises employer la formule: «Moi, je suis» (Jean 8.24, 28, 58). Celle-ci vise en plein dans le mille pour ses contradicteurs, car elle renvoie à la manière dont Dieu s'est présenté à Moïse.

Dieu se dévoile ainsi comme celui qui n'a ni commencement ni fin, celui qui est l'essence de l'être. Cette présentation paraît infiniment majestueuse et, en même temps, il se présente à Moïse comme le Dieu de leurs ancêtres, «le Dieu d'Abraham, le Dieu d'Isaac et le Dieu de Jacob». Dieu est donc, d'un côté, éternel et souverain, et, de l'autre côté, il veut se révéler comme un Dieu proche du peuple d'Israël, un Dieu qui a un projet d'amour et de paix pour ceux qui sont alors sous la férule du pharaon: leur donner un bon et vaste pays, où coulent le lait et le miel.

Je suis à la fois touché et interpellé par cette volonté du Tout-Puissant de se révéler personnellement aux patriarches, au peuple d'Israël et tout autant à nous aujourd'hui. Il s'est approché encore plus dans la personne de Jésus-Christ, qui a repris les attributs divins du «Je suis», de «l'Alpha et l'Oméga», et qui, en même temps, a rendu la grâce et la vérité de Dieu tangibles pour tous, que ce soit pour ces pharisiens ou pour la femme adultère.

Prière Seigneur, chaque jour de ma vie, j'aimerais davantage découvrir le Dieu à la fois infini et personnel que tu es, afin que tu sois toujours plus mon Dieu. Comme l'apôtre Paul le demandait pour les Ephésiens, je prie que toi, le Dieu de notre Seigneur Jésus-Christ, le Père de gloire, tu me donnes un esprit de sagesse et de révélation qui m'amène à te connaître[7]. Amen.

28 mars 2020

[7] Ephésiens 1.17.

Au milieu des vents contraires

Jour 13

Aussitôt après, Jésus obligea les disciples à monter dans la barque et à le précéder sur l'autre rive pendant qu'il renverrait la foule. Quand il l'eut renvoyée, il monta sur la montagne pour prier à l'écart et, le soir venu, il était là seul.

La barque se trouvait déjà au milieu du lac, battue par les vagues, car le vent était contraire. A la fin de la nuit, Jésus alla vers eux en marchant sur le lac. Quand les disciples le virent marcher sur le lac, ils furent affolés et dirent: «C'est un fantôme!» et, dans leur frayeur, ils poussèrent des cris.

Jésus leur dit aussitôt: «Rassurez-vous, c'est moi. N'ayez pas peur!»

Pierre lui répondit: «Seigneur, si c'est toi, ordonne-moi d'aller vers toi sur l'eau.»

Jésus lui dit: «Viens!»

Pierre sortit de la barque et marcha sur l'eau pour aller vers Jésus, mais, voyant que le vent était fort, il eut peur et, comme il commençait à s'enfoncer, il s'écria: «Seigneur, sauve-moi!»
Aussitôt Jésus tendit la main, l'empoigna et lui dit: «Homme de peu de foi, pourquoi as-tu douté?»
Ils montèrent dans la barque, et le vent tomba. Ceux qui étaient dans la barque vinrent se prosterner devant Jésus en disant: «Tu es vraiment le Fils de Dieu.»

Matthieu 14.22-33

Il peut arriver que nous devions apprendre à affronter des événements contraires à ce que nous aurions souhaité. Tout comme les disciples auraient probablement souhaité pouvoir revenir en arrière, nous aurions certainement préféré «faire un *reset*» de cette année au 1er janvier. Mais nous voyons dans ce récit que Jésus a un autre plan: il les «oblige» à monter dans la barque, apparemment contre toute logique. Pourquoi, en effet, leur faut-il le quitter, alors qu'ils viennent de passer de si beaux moments avec lui?

La priorité du Seigneur, à ce moment-là, c'est d'avoir un tête-à-tête avec son Père. Et il nous donne par là un double exemple: d'une part, parce que son agenda n'est pas dominé par le temps ni par les circonstances, d'autre part, parce qu'il a un besoin vital d'entretenir sa relation avec le Père.

Dans la vie chrétienne, nous devons aussi apprendre à traverser des situations contraires à ce que nous aurions souhaité. Pendant ce temps que Jésus passe avec son Père, les disciples rament durement (Marc précise qu'ils avaient beaucoup de peine à avancer). Les tempêtes sur le lac de Génésareth peuvent être très violentes... Ainsi, certainement, des questions surgissent dans leur esprit: «Pourquoi le Seigneur permet-il cela? Pourquoi ramer ainsi sans succès?»

A la fin de la nuit, Jésus vient à leur rencontre. Presque neuf heures plus tard! Pourtant, il connaît parfaitement leur situation, intercède pour eux et leur dit une parole si forte dans ce contexte: «Rassurez-vous, c'est moi.»

Ce qui était vrai pour les disciples à ce moment-là l'est tout autant pour nous aujourd'hui, quelles que soient les difficultés par lesquelles le Seigneur permet que nous passions. Il y a, d'un côté, nos doutes ou nos questions, légitimes, et, d'un autre côté, la pleine souveraineté de notre Dieu qui connaît le détail de toutes nos situations et qui vient à notre rencontre avec les mêmes paroles.

Il y aurait encore beaucoup à dire sur cet épisode. Nous pourrions notamment mentionner l'acte de foi de Pierre, qui nous incite à «fixer les yeux sur Jésus, qui fait naître la foi et la mène à la perfection» (Hébreux 12.2). Nous pourrions aussi souligner avec douceur l'imperfection de sa confiance et y voir un encouragement à grandir toujours plus dans la foi.

Le récit se conclut par la fin de la tempête, certes, mais surtout par cette magnifique déclaration des disciples: «Tu es vraiment le Fils de Dieu.» Sachons de même reconnaître Jésus, non seulement pour ce qu'il fait dans notre vie, mais avant tout pour ce qu'il est!

Prière Seigneur, tu permets parfois des circonstances exceptionnelles dans ma vie, contre toute logique à mes yeux. Mais je te remercie, car même si tu me parais absent, tu connais tout et tu viendras à ma rencontre.
Merci pour ce que tu m'apprends sur toi et sur moi à travers ces situations. Je te reconnais d'ores et déjà, à l'exemple des disciples, comme le Fils de Dieu, en attendant de te voir un jour face à face. Amen.

29 mars 2020

Nos larmes comptent-elles pour Dieu?

Jour 14

A cette époque-là, Ezéchias fut atteint d'une maladie mortelle. Le prophète Esaïe, fils d'Amots, vint le trouver et lui annonça: «Voici ce que dit l'Eternel: 'Donne tes ordres à ta famille, car tu vas mourir, tu ne vivras plus.'» Ezéchias tourna le visage contre le mur et fit cette prière à l'Eternel: «Eternel, souviens-toi que j'ai marché devant toi dans la vérité, avec un cœur intègre, et que j'ai fait ce qui est bien à tes yeux!» Puis il pleura abondamment. Alors la parole de l'Eternel fut adressée à Esaïe: «Va annoncer à Ezéchias: 'Voici ce que dit l'Eternel, le Dieu de ton ancêtre David: J'ai entendu ta prière, j'ai vu tes larmes. J'ajoute quinze années à ta vie.'» Esaïe 38.1-5

Lorsque nous demandons à des chrétiens de citer un texte qui les touche particulièrement, le Psaume 139 revient souvent. En effet, le fait de savoir que Dieu nous connaît entièrement – dans tout notre être, dans toutes nos activités et même dans nos pensées – nous fait du bien et nous émerveille. D'autres textes, moins connus et commentés, ont une dimension plus intime: ils vont plus loin, jusqu'au cœur même de nos souffrances et de nos larmes.
Les larmes sont suffisamment importantes aux yeux du Seigneur pour qu'elles soient citées à 235 reprises dans la Bible. Cependant, au plus fort de notre détresse, lorsqu'elles nous tiennent éveillés (Psaume 6.7) et se mêlent à nos prières, nous pouvons nous demander s'il les connaît vraiment.
Or, l'Ecriture contient plusieurs affirmations spécifiques à ce sujet:

* Il voit les larmes, comme il a vu celles versées par le roi Ezéchias, plongé dans une profonde détresse à l'annonce de sa maladie mortelle, et lui a fait la promesse

d'ajouter quinze années à sa vie. Il a également vu celles d'Anne, qu'il a exaucée en lui donnant son fils Samuel et d'autres enfants. Et il a vu celles de bien d'autres (Paul, Timothée, etc.).

* Il en tient le compte et les recueille, comme l'exprime le Psaume 56.9: «Tu comptes les pas de ma vie errante. Recueille mes larmes dans ton outre: ne sont-elles pas inscrites dans ton livre?»
* Il peut parfois nous les épargner en nous préservant ou en nous délivrant de situations pénibles: «Oui, tu as délivré mon âme de la mort, mes yeux des larmes, mes pieds de la chute» (Psaume 116.8).
* Parfaitement homme et parfaitement Dieu, Jésus a pleuré au tombeau de Lazare (Jean 11.35).
* Le même Jésus a «présenté avec de grands cris et avec larmes des prières à celui qui pouvait le sauver de la mort» (Hébreux 5.7).

A toutes les époques, nos larmes revêtent ainsi une importance aux yeux de Dieu.

Jésus-Christ, devenu «semblable en tout à ses frères», les a également connues pour être notre «grand-prêtre rempli de compassion» (Hébreux 2.17).

C'est aussi lui qui, par l'œuvre de la croix et par sa résurrection, nous donne la ferme espérance qu'elles auront un jour une fin, lorsque – bientôt – Dieu «essuiera toute larme» des yeux des hommes (Apocalypse 21.4).

Prière Seigneur, savoir que tu connais tout, même mes larmes, m'émerveille et me console. Je suis profondément touché(e) de savoir que Jésus a aussi pleuré à plusieurs reprises au cours de sa vie, que ce soit dans son ultime combat ou simplement pour être avec ses amis dans leur peine. Et je te loue de ce que, par lui, nous avons l'espérance qu'un jour, les larmes auront une fin. Amen.

30 mars 2020

Chercher l'Eternel

Jour 15

«Quant à toi, Salomon, mon fils, connais le Dieu de ton père et sers-le avec un cœur sans réserve et un esprit bien disposé, car l'Eternel examine tous les cœurs et discerne toutes leurs intentions. Si tu le cherches, il se laissera trouver par toi, mais si tu l'abandonnes, il te rejettera pour toujours.»

1 Chroniques 28.9

Salomon et l'assemblée recherchèrent l'Eternel.

2 Chroniques 1.5

L'expression «(re)chercher l'Eternel» revient à de nombreuses reprises dans les Chroniques. Les récits successifs des rois sont rythmés par les mots «il (re)chercha l'Eternel» ou, au contraire, «il ne (re)chercha pas l'Eternel», avec les conséquences heureuses ou funestes qui en ont résulté. Littéralement, il est question de «chercher le visage de Yahvé».

Chercher le visage (ou le regard) de quelqu'un, c'est sonder ce qui le préoccupe, chercher à connaître ses intentions, sa volonté. Cela réclame en tout cas du temps, de l'attention et de la persévérance.

Je vois trois éléments qui distinguent la recherche de l'Eternel d'une recherche habituelle:

1. Elle est sûre, loin d'être hypothétique comme peut l'être la recherche de champignons en forêt ou la quête d'une denrée rare. De nombreux textes nous assurent que l'Eternel se laisse trouver (Jérémie 29.13-14 en particulier).
2. Elle n'est jamais terminée: quand on retrouve un objet qui était perdu, la recherche s'achève. Mais Dieu est insondable. Nous n'aurons jamais fini de le découvrir et de le connaître.
3. Les humains cherchent Dieu sans forcément en être conscients: lorsque nos

contemporains cherchent un sens à leur existence, ils suivent une aspiration que le Créateur lui-même a mise dans leur cœur. L'apôtre Paul l'exprime ainsi: «Il a voulu qu'ils cherchent le Seigneur et qu'ils s'efforcent de le trouver en tâtonnant, bien qu'il ne soit pas loin de chacun de nous» (Actes 17.27).

Prière Seigneur, merci parce que tu te laisses trouver lorsque nous te recherchons. Donne-moi la persévérance et l'attention nécessaires pour te rencontrer, non pas furtivement de manière à accomplir un rite, mais dans le but de mieux te connaître. Je pense aussi à mes voisins, à mes collègues ou à mes amis qui, sans le savoir, te cherchent comme à tâtons, et je les remets à ta grâce. Amen.

31 mars 2020

Le verset de votre vie

Jour 16

L'Eternel gardera ton départ et ton arrivée dès maintenant et pour toujours.

Psaume 121.8

Quel est le verset de votre vie? En existe-t-il un sur lequel vous reveniez régulièrement, qui soit comme votre devise, qui vous donne «un autre regard sur la vie», pour reprendre le slogan de La Maison de la Bible? Aujourd'hui, j'aimerais vous parler de mon «verset de vie», qui se trouve au Psaume 121.

Si ce psaume s'adresse à Israël, nous pouvons nous en approprier plusieurs versets. Celui que je préfère se trouve tout à la fin. Je l'ai choisi quand j'avais 15 ans, lors de ma confirmation à l'Eglise protestante que

je fréquentais. A l'époque, je n'étais pas converti. Comme nous ne connaissions pas très bien la Bible, le pasteur avait présélectionné des textes parmi lesquels nous pouvions effectuer un choix, et j'avais jeté mon dévolu sur celui-ci.
Cela fait maintenant plus de trente ans qu'il m'accompagne. Il réapparaît dans ma vie quand je me pose des questions. Rétrospectivement, je m'aperçois que ce choix n'était pas le fruit du hasard, étant donné que, la même année, j'ai rencontré la personne qui allait par la suite me conduire à Jésus-Christ. Aujourd'hui, ce texte me parle dans les moments de doute, de remise en question. Quand le chemin est incertain, quand, à l'instar d'Abraham, j'ai l'impression de partir sans savoir où aller, je me rappelle que l'Eternel garde mon départ et mon arrivée.
A travers ce petit témoignage, j'aimerais vous encourager à revenir aux promesses de Dieu, à celles auxquelles vous pouvez vous accrocher pour passer le cap dans les moments difficiles. J'aimerais vous inviter à

vous remémorer le verset qui vous a accompagné(e) jusqu'à aujourd'hui.
Je garde dans mon smartphone une question à laquelle je reviens souvent: «Quel genre de vie m'appelles-tu à vivre?» Associée au dernier verset du Psaume 121, elle me permet de recentrer mes pensées et mes activités en levant les yeux vers celui auprès duquel se trouve le secours (Psaume 121.1)

Prière Seigneur, dans ces temps incertains où je ne sais pas dans quelle direction tu veux me conduire, où nous ignorons quel sera l'avenir de notre mission ou de notre entreprise, je peux me confier en toi. Merci parce que tu connais toutes choses à l'avance, toi qui garderas parfaitement mon départ et mon arrivée! Amen.

1er avril 2020

Si le grain qui tombe en terre ne meurt pas...

Jour 17

Des non-Juifs (...) s'adressèrent à Philippe (...) et lui demandèrent: «Seigneur, nous voudrions voir Jésus.» (...)
Jésus leur répondit: «L'heure où le Fils de l'homme va être élevé dans sa gloire est venue. En vérité, en vérité, je vous le dis, si le grain de blé tombé en terre ne meurt pas, il reste seul; mais s'il meurt, il porte beaucoup de fruit.
Celui qui aime sa vie la perdra et celui qui déteste sa vie dans ce monde la conservera pour la vie éternelle. Si quelqu'un me sert, qu'il me suive, et là où je suis, là aussi sera mon serviteur.»

Jean 12.20-26

Ce que tu sèmes ne peut reprendre vie que s'il meurt. (...)
Le corps est semé corruptible, il ressuscite incorruptible. Il est semé méprisable, il ressuscite glorieux. Il est semé faible, il ressuscite plein de force. Il est semé corps naturel, il ressuscite corps spirituel.
S'il y a un corps naturel, il y a aussi un corps spirituel. C'est pourquoi il est écrit: *Le premier homme, Adam, devint un être vivant.* Le dernier Adam est un esprit qui communique la vie. 1 Corinthiens 15.36-45

J'ai été crucifié avec Christ; ce n'est plus moi qui vis, c'est Christ qui vit en moi.
Galates 2.20

■ La réponse que Jésus donne aux non-Juifs peut paraître surprenante, au premier abord, mais elle revêt une signification particulière: ce qu'il est important de discerner à ce moment précis, c'est le grain de blé tombé en terre.

Vingt siècles après, ce qui nous permet de comprendre la mission de Jésus, c'est précisément l'heure pour laquelle il est venu. Cette heure où il a été élevé de la terre pour attirer tous les hommes à lui (Jean 12.32), illustrée par le grain de blé tombé en terre. Le fruit porté par cette semence est double: il est, d'un côté, un symbole d'espérance et, de l'autre côté, un exemple et une promesse de transformation pour tous les chrétiens.

Il s'agit d'espérance parce que le Christ, mort et ressuscité conformément aux Ecritures (1 Corinthiens 15.3-4), porte et communique la vie.

C'est une promesse, en particulier, pour le corps de ceux que nous accompagnons vers leur avant-dernière demeure: ce corps à l'allure méprisable, faible et corruptible sera alors transformé en corps glorieux, puissant, incorruptible!

Ensuite, cet exemple s'applique à nous, du fait que Jésus esquisse un chemin pour ceux qui marchent à sa suite. En effet, ceux qui le suivent sont appelés à mourir à une ancienne vie pour renaître à une vie

nouvelle, ici et maintenant. Dans son témoignage aux Galates, Paul parle de ce chemin qui se démarque par rapport à deux évangiles contrefaits: celui du «développement personnel» et celui du «renoncement».
En réalité, ces deux mouvements sont plus proches l'un de l'autre qu'ils ne le paraissent de prime abord. Ils s'appuient sur des textes bibliques soigneusement sélectionnés au détriment d'autres. Quand l'un propose comme but une vie pour soi-même sans parler de mort, l'autre propose une pseudo-mort à soi-même sans parler de vie, mais toutes deux en dehors de Jésus-Christ et caractérisées par le même égocentrisme.
L'apôtre Paul présente ici une mort et une vie «avec Christ»! Une mort nécessaire, accomplie à la croix pour les hommes et les femmes que nous étions en Adam, afin de nous détacher quotidiennement de notre ancienne manière de vivre, marquée par l'indépendance envers Dieu. Puis, nous sommes appelés à une nouvelle vie où la plénitude et la perfection de celle de Jésus

en nous viennent nous transformer. Ainsi nous devenons progressivement conformes à l'image du Fils de Dieu (Romains 8.29) en attendant le moment de porter «l'image de celui qui est venu du ciel» (1 Corinthiens 15.49).

Prière Seigneur, tes paroles sont tellement directes, quand tu parles du grain de blé et du fait d'aimer ma propre vie! Elles m'interrogent sur ma propre existence, sur mes buts, sur ma façon de penser et ma tendance à poursuivre des intérêts ou chimères égocentriques. Je suis touché(e) et attiré(e) par l'exemple du «mourir pour vivre» que tu nous as laissé. Aide-moi à vivre aujourd'hui non plus sans toi, mais avec toi vivant en moi. Telle est ma prière, même si ta vie parfaite se conjugue avec l'imparfait de la mienne. Merci de ce que cette vie se développe chaque jour davantage et se poursuivra pour toujours avec toi, ce jour-là au plus-que-parfait!

2 avril 2020

Moi, j'ai confiance en ta bonté

Jour 18

Ils nous ont fait un rapport et ont dit: «C'est un bon pays que l'Eternel, notre Dieu, nous donne.» Mais vous (...) avez murmuré dans vos tentes et vous avez dit: «C'est parce que l'Eternel nous déteste qu'il nous a fait sortir d'Egypte. Il voulait nous livrer entre les mains des Amoréens et nous détruire. Où pourrions-nous monter? Nos frères nous ont fait perdre courage en disant: 'C'est un peuple plus grand et de plus haute taille que nous; ce sont des villes grandes et fortifiées jusqu'au ciel; nous y avons même vu des descendants d'Anak.'»
Je vous ai dit: «Ne tremblez pas et n'ayez pas peur d'eux. L'Eternel, votre Dieu qui marche devant vous, combattra lui-même pour vous, conformément à tout ce qu'il a fait pour vous sous vos yeux en Egypte, puis dans le

désert. Tu as vu que l'Eternel, ton Dieu, t'a porté comme un homme porte son fils, pendant tout le parcours que vous avez effectué jusqu'à votre arrivée ici.»
Malgré cela, vous n'avez pas eu confiance en l'Eternel, votre Dieu qui marchait devant vous sur la route pour vous chercher un lieu de campement, la nuit dans un feu afin de vous montrer le chemin où vous deviez marcher, et le jour dans une nuée.

Deutéronome 1.25-33

Moi, j'ai confiance en ta bonté,
j'ai de la joie dans le cœur à cause de ton salut.

Psaume 13.6

Mon père est décédé récemment, quelques années après ma mère. De telles circonstances nous confrontent forcément aux questions de succession. Dans notre cas, je me suis rendu compte que le plus bel héritage que nos parents nous ont transmis, à mes frères et à moi, c'est la confiance qu'ils avaient en Dieu pour tous les besoins. Ils ont régulièrement raconté comment, alors qu'ils n'avaient plus rien à manger durant leur séjour en Afrique, quelqu'un qui ne le savait pas leur avait amené un sac de riz; comment, alors qu'ils avaient deux heures de retard pour prendre un avion et étaient à bout de nerfs, un «ange africain» leur avait apporté toute l'aide dont ils avaient besoin avant de les saluer d'un: «God bless you!»[8] Lorsque le cochon d'Inde de mon frère a été près de mourir après avoir été intoxiqué, Maman nous a incités à prier... et il a vécu encore quelques années. Lorsque nous avions besoin d'une nouvelle voiture, nous commencions en famille par remettre ce besoin à Dieu dans la prière. Le vécu quotidien de nos parents nous a appris que nous pouvions faire confiance au Seigneur: il avait les capacités de répondre.

Lorsque ma mère est décédée malgré les prières et la conviction que Dieu pouvait la

[8] «Que Dieu vous bénisse!» en anglais.

guérir, mon père a été amené à se demander: «Pourquoi?» et à exprimer des doutes sur les intentions du Seigneur à son égard. Cela m'a montré que la confiance dans les *capacités* divines ne suffit pas.

Dans le Deutéronome, Moïse rappelle l'épisode de l'envoi des espions en Canaan. Les Israélites et lui ont chacun un filtre de lecture différent de leur compte rendu, si bien qu'ils en retiennent chacun des éléments opposés (un bon pays pour Moïse, des ennemis effrayants pour le peuple). Le peuple va jusqu'à affirmer que l'Eternel le déteste (v. 27)! En réalité, nous lui ressemblons: quand tout s'écroule autour de nous, nous avons tendance à penser que Dieu ne nous aime pas, nous aime mal ou encore veut nous punir. Nous avons pu assister à de grandes et belles choses qu'il a accomplies pour nous, mais, malgré cela, nous n'avons pas confiance en lui (v. 32).

Comment contrecarrer ce genre de pensées? Au Psaume 13, David ne passe pas sous silence le sentiment qu'il a d'être abandonné par Dieu. En revanche, il affirme ensuite son choix de faire confiance à sa *bonté* (v. 6). C'est une décision qu'il prend, fondée sur tout ce qu'il sait déjà à propos de lui. Nous-mêmes, nous pouvons être certains de l'amour du Seigneur envers nous: il en a fourni la preuve sur la croix. Nous pouvons être vraiment sûrs de ses bonnes intentions à notre égard, même quand nous ne comprenons pas tout, et nous pouvons aussi faire le choix de la confiance totale envers lui.

Prière Seigneur, je te remercie parce que la mort de Jésus-Christ à la croix m'assure de ton amour inébranlable envers moi. J'ai parfois de la peine à comprendre ta façon d'agir, mais je refuse de t'attribuer de mauvaises intentions. J'ai confiance dans tes capacités d'intervenir *et* dans ta bonté, et j'ai la conviction que tu sais ce que tu fais: tu as la vision d'ensemble, alors que mon champ de vision est très limité. Je veux t'aimer et me laisser enseigner par toi, même quand les circonstances sont difficiles. Merci de ton aide pour cela!

3 avril 2020

Acclamer l'Eternel

Jour 19

Heureux le peuple qui sait t'acclamer: il marche à ta lumière, Eternel.

Psaume 89.16

Quand une équipe de foot pénètre sur le stade, elle est acclamée par ses supporters qui, unis, se tenant enlacés par les coudes, proclament la victoire qu'ils vont remporter tous ensemble et se rappellent les succès et trophées passés. L'équipe est applaudie dès l'instant où elle entre sur l'aire de jeu, et pas seulement au moment où elle gagne le match. Ces aficionados du football ont appris à agir ainsi: ils savent soutenir leur équipe et chanter ses louanges.

De la même manière, avons-nous appris à acclamer l'Eternel? L'adorer, c'est un mode de vie; c'est dire qui il est, ce qu'il a fait et ce qu'il va faire. C'est nous rappeler qu'il règne, que sa domination s'étendra sur toutes choses. Ce n'est pas réciter des litanies mièvres ni prononcer de vagues supplications. Au contraire, c'est proclamer sa justice et la grandeur de son nom, peu importe la situation, à l'image du support inconditionnel que les fans de sport apportent à leur équipe.

Depuis quelques semaines, j'ai pris l'habitude de commencer mes journées par la louange, au moyen d'un chant. Me concentrer ainsi sur les paroles, les répéter, les chanter, même lors des veilles de la nuit, lorsque je fais des insomnies, m'a beaucoup aidé.

Le fait d'acclamer Dieu a un impact sur notre vie: nous marchons alors à sa lumière. Qu'est-ce que marcher? C'est, là encore, un mode de vie. Il consiste à avancer dans ce que notre Dieu a préparé pour nous, d'une manière réfléchie, réjouie et déterminée. L'Eternel éclaire le sentier sur lequel nous marchons, comme conséquence de notre acclamation. Marcher à sa lumière, dans sa présence, est un bienfait. Cela fait penser au petit enfant qui, dans la présence de ses parents, est apaisé et vraiment lui-même. Accueillons ainsi Dieu dans notre vie, adorons-le, afin qu'il oriente nos pensées et nos pas et qu'ainsi, nous marchions à sa lumière. Commençons notre journée en l'acclamant, et ce, d'autant plus que les circonstances sont exceptionnelles! Que sa présence puisse nous illuminer ainsi, et qu'il nous bénisse en cette journée!

Prière Eternel, je désire t'acclamer de tout mon être au début de cette journée, me rappeler ce que tu as déjà fait, proclamer ton nom et ta justice! Je le fais en étant certain(e) de ta victoire et de ta domination sur toutes choses. Merci de ta présence. Je place cette journée, peu importe ce qu'elle apportera, à ta lumière, afin de marcher devant toi et pour toi. Amen.

4 avril 2020

La venue d'un roi étrange

Jour 20

Réjouis-toi, fille de Sion! Lance des acclamations, fille de Jérusalem!
Voici ton roi qui vient à toi; il est juste et victorieux, il est humble et monté sur un âne, sur un ânon, le petit d'une ânesse.

Zacharie 9.9

L'entrée de Jésus à Jérusalem sur un ânon, relatée dans les quatre Evangiles, marque le début de ce que la chrétienté célèbre sous le nom de «semaine sainte». Cet épisode est remarquable à deux titres: par ce qu'il nous apprend sur Christ et par ce qu'il nous apprend des réactions que suscite sa venue. Jésus aurait pu continuer son chemin vers Jérusalem à pied. Or, il réquisitionne un

ânon pour parcourir les trois derniers kilomètres, et ce, dans un but précis: accomplir les Ecritures et, ainsi, confirmer sa royauté messianique. Celle-ci est d'ailleurs proclamée par la foule: «Béni soit le règne qui vient au nom du Seigneur, le règne de David, notre père!» (Marc 11.10). Cependant, là où les Juifs attendent un roi intronisé en grande pompe, qui les délivre immédiatement du joug romain (Luc 24.21), Christ vient sur une humble monture. Royauté et humilité caractérisent celui dont le royaume «n'est pas de ce monde» (Jean 18.36).
Jésus n'est pas très connu de cette foule, au point que sa venue (comme celle des mages une trentaine d'années plus tôt) trouble tout Jérusalem (Matthieu 2.3; 21.10). Elle l'accueille comme un roi et lui déroule littéralement le tapis rouge en criant: «Hosanna!». Cette exclamation qui signifiait: «Sauve donc!» était un cri de joie et de bienvenue habituel chez les Juifs (cf. Psaume 118.25). Cependant, une partie de la même foule, versatile, criera: «Crucifie-le!» quelques jours plus tard.

En revanche, les aveugles et les boiteux reconnaissent leur besoin de guérison. Pour eux, le «Hosanna – Sauve donc» va bien plus loin qu'une exclamation de bienvenue: c'est une supplication. Les enfants, acteurs simples du royaume de Dieu, sont ceux qui le louent de la manière la plus pertinente. Enfin, tristement, les spécialistes de la loi sont indignés à la vue de… choses merveilleuses! Pétris de certitudes, racornis dans leur cœur au point d'en oublier le commandement: «Aime ton prochain comme toi-même», ils en viennent à appeler le bien mal (Esaïe 5.20).

Toute cette scène nous interroge sur notre propre perception de Jésus: nous approchons-nous de lui avec la simplicité d'un enfant, en reconnaissant que nous avons profondément besoin de lui pour vivre, comme les aveugles et les boiteux, ou voyons-nous en lui un simple personnage public, certes digne d'intérêt, mais en restant détachés, prêts à passer au prochain «buzz» de l'actualité? Ou, pire, le voyons-nous tel un trublion qui viendrait bousculer des certitudes religieuses erronées ou éloignées de Dieu et du prochain?

Prière Seigneur, merci d'être venu aussi humblement à notre rencontre et de nous proposer un tel modèle de royauté, qui n'entend pas dominer sur ce monde-ci, mais sur nos cœurs. Mon «Hosanna» sera non seulement un accueil mais un cri, une prière pour reconnaître mon besoin de toi et du salut que tu es venu apporter. Renouvelle mon cœur pour lui donner la simplicité de celui d'un enfant et la ferveur de celui d'un boiteux ou d'un aveugle.

5 avril 2020

La splendeur de Dieu

Jour 21

Pendant un court moment je t'avais abandonnée, mais c'est avec une grande compassion que je t'accueillerai. Dans un débordement de colère, je m'étais un instant caché à toi, mais avec un amour éternel j'aurai compassion de toi, dit l'Eternel, celui qui te rachète.
En effet, la situation est, pour moi, pareille à celle de Noé: j'avais juré que le déluge qui a frappé Noé ne frapperait plus la terre; de même, je jure de ne plus m'irriter contre toi et de ne plus te menacer.
Même si les montagnes s'éloignaient, même si les collines étaient ébranlées, mon amour ne s'éloignera pas de toi et mon alliance de paix ne sera pas ébranlée, dit celui qui a compassion de toi, l'Eternel. (...)

Vous tous qui avez soif, venez vers l'eau, même celui qui n'a pas d'argent! Venez, achetez et mangez, venez, achetez du vin et du lait sans argent, sans rien payer! Pourquoi dépensez-vous de l'argent pour ce qui ne nourrit pas? Pourquoi travaillez-vous pour ce qui ne rassasie pas? Ecoutez-moi vraiment et vous mangerez ce qui est bon, vous savourerez des plats succulents.

Tendez l'oreille et venez à moi, écoutez donc et vous vivrez! Je conclurai avec vous une alliance éternelle pour vous assurer les grâces promises à David. Je l'ai établi comme un témoin pour les peuples, comme un guide et un chef pour eux. Tu appelleras des nations que tu ne connais pas, et des nations qui ne te connaissent pas accourront vers toi à cause de l'Eternel, ton Dieu, du Saint d'Israël, parce qu'il te donne sa splendeur.

Recherchez l'Eternel pendant qu'il se laisse trouver! Faites appel à lui tant qu'il est près! Que le méchant abandonne sa voie, et l'homme injuste ses pensées! Qu'il retourne à l'Eternel: il aura compassion de lui. Qu'il

retourne à notre Dieu, car il pardonne abondamment. En effet, vos pensées ne sont pas mes pensées et mes voies ne sont pas vos voies, déclare l'Eternel. **Esaïe 54.7–55.8**

Les chapitres 54 et 55 du livre d'Esaïe contiennent de nombreux textes absolument magnifiques et très encourageants. Ils décrivent la suite de l'œuvre du serviteur de l'Eternel dépeinte au chapitre 53 et que nous associons à Jésus-Christ, en tant que chrétiens. Nous avons donc le «droit» de nous sentir également concernés par les promesses de ce passage.

Ce qui ressort de ces versets, c'est la compassion du Seigneur. La grandeur, l'abondance et la durée de cette compassion sont soulignées, et elles sont mises en contraste avec le court instant de colère où il s'est caché.

Il se présente comme un Dieu qui pardonne, qui rachète. Un Dieu qui conserve son amour et son alliance de paix aux

siens, même quand tout semble s'écrouler autour d'eux, y compris des symboles de stabilité tels que les montagnes. Il y a là un point d'appui, un réconfort extraordinaire dans les temps d'incertitude.
Le Seigneur signale également que c'est sa splendeur à lui qui permet aux autres êtres humains de venir vers ceux qui croient en lui. Ainsi, ils ont la possibilité de le trouver et de découvrir quel Dieu merveilleux il est. Cela m'amène à me poser une question: est-ce que ce sont l'amour et la compassion de l'Eternel qui transparaissent à travers l'Eglise et à travers moi, en particulier?

Prière Seigneur, merci de la sérénité que me procure la certitude de ta présence et de ton amour, même dans des situations où tout ce qui semblait sûr et certain autour de moi s'écroule. J'aimerais refléter ta splendeur et ta compassion pour que d'autres sachent à quel point tu es extraordinaire. Accomplis ton œuvre en moi!

6 avril 2020

Jésus, que ma joie demeure

Jour 22

Vous donc aussi, vous êtes maintenant dans la tristesse, mais je vous reverrai et votre cœur se réjouira, et votre joie, personne ne vous l'enlèvera. **Jean 16.22**

Après un temps public d'entrée dans Jérusalem, Jésus prend un moment en privé avec ses disciples, non seulement pour prendre avec eux la dernière Pâque mais pour leur dire ce qu'il considère comme le plus important avant de mourir. Ce «discours de la chambre haute» va ainsi non seulement préparer les disciples, qui ont passé trois ans avec lui, à vivre les heures qui viennent, mais aussi les équiper pour l'avenir. Peu de textes de la Bible

comportent une telle combinaison de densité théologique, d'amour extrême manifesté et d'intensité dans la prière.
Parmi les multiples promesses énoncées par Jésus, j'en retiens une, qui apparaît à trois reprises: «Que votre joie soit complète» (15.11; 16.24; 17.13).
Dans les circonstances que les disciples devaient s'apprêter à traverser, une certaine tristesse était légitime, puisqu'ils allaient perdre leur maître et ami. De même, au cours des semaines passées, les motifs de tristesse ou d'inquiétude n'ont pas manqué pour nous. Ils ne manqueront pas demain non plus. Cependant, presque 2000 ans plus tard, Jésus nous donne encore trois raisons de remplacer ces sentiments par une joie durable:

1. Nous pouvons demeurer en lui et le laisser demeurer en nous, de manière à porter plus de fruit (ch. 15). L'image du cep et des sarments fonde nos réalisations pour Dieu en Dieu; non pas sur nos tentatives individuelles, encore moins sur

nos inquiétudes ou même sur nos forces ou capacités propres, mais en lui.

2. Nous pouvons adresser des demandes au Père en son nom (ch. 16). Jésus a donné à ses disciples le modèle du «Notre Père», mais il ajoute une dimension à cette prière en la liant à son propre nom. Ainsi, nos propres prières ne reposent pas sur notre ferveur ni sur notre éloquence mais sur une relation d'amour vivante avec Dieu et avec Christ. Qui peut mieux nous comprendre et répondre à nos demandes?
3. Les paroles de la prière de Jésus dévoilent un sommet d'amour pour nous (ch. 17). La vie éternelle accordée, la gloire de Christ manifestée en nous, son intercession pour nous préserver du mal et nous consacrer, la mission pour laquelle nous sommes envoyés dans ce monde (montrer l'unité et l'amour parfaits à travers les personnes imparfaites que nous sommes): tout cela nous dépasse et, néanmoins, d'après Jésus lui-même, c'est le fondement d'une «joie complète»!

Jean-Sébastien Bach n'a pas été épargné par les épreuves au cours de sa vie: orphelin de père et mère à 10 ans, il a perdu sa première épouse à 35 ans, ainsi que plusieurs enfants en bas âge. Pourtant, il a livré des œuvres d'une beauté et d'une espérance exceptionnelles, en particulier le choral final de la cantate BWV 147, connu sous le titre «Jésus, que ma joie demeure» et dédié, comme toute son œuvre, à la gloire de Dieu.

Prière Seigneur j'ai peut-être aujourd'hui des raisons d'être triste ou inquiet (inquiète). Je ne veux pas et ne peux pas afficher une joie extérieure, alors que mon cœur est dans la peine. Mais je désire croire ta promesse d'une joie complète et durable, qui ne dépend pas des circonstances ni de ce que je ressens. Merci de nous avoir donné cette joie comme moteur et comme espérance, pour te chanter et te glorifier! Amen.

7 avril 2020

Laisser Dieu être Dieu

Jour 23

Le peuple voyait que Moïse tardait à descendre de la montagne. Alors il se rassembla autour d'Aaron et lui dit: «Allons! Fais-nous des dieux qui marchent devant nous, car ce Moïse, l'homme qui nous a fait sortir d'Egypte, nous ignorons ce qu'il est devenu.»
Aaron leur dit: «Retirez les anneaux d'or qui pendent aux oreilles de vos femmes, de vos fils et de vos filles et apportez-les-moi.»
Chacun retira les anneaux d'or qui pendaient à ses oreilles et ils les apportèrent à Aaron.
Il les reçut de leurs mains, jeta l'or dans un moule et fit un veau en métal fondu.
Ils dirent alors: «Israël, voici tes dieux qui t'ont fait sortir d'Egypte.»
Lorsque Aaron vit cela, il construisit un autel devant lui et s'écria: «Demain, il y aura une fête en l'honneur de l'Eternel!»

L'Eternel dit à Moïse: «Vas-y, descends. En effet, ton peuple, celui que tu as fait sortir d'Egypte, s'est corrompu. Ils se sont bien vite écartés de la voie que je leur avais prescrite: ils se sont fait un veau en métal fondu, se sont prosternés devant lui, lui ont offert des sacrifices et ont dit: 'Israël, voici tes dieux qui t'ont fait sortir d'Egypte.'» Exode 32.1-8

Moïse est depuis quarante jours et quarante nuits auprès du Dieu qui lui a permis de délivrer Israël, caché par une nuée (Exode 24.18). Celui-ci lui donne notamment les instructions pour la fabrication du tabernacle. Les Israélites ont vu l'Eternel agir à maintes reprises pour eux, mais ils ont eu peur d'une relation directe avec ce Dieu invisible et insaisissable, et ils sont perturbés par l'absence de leur leader humain qui joue le rôle d'intermédiaire (Exode 20.18-19). Ils cherchent alors des remplaçants.
Représenter une divinité comme un veau n'était pas inhabituel en Egypte: cet

animal était associé à la force, à la virilité, à la royauté. Dans l'esprit des Israélites, il n'y avait donc rien de dégradant à représenter leur Dieu sous cette forme-là.

Le problème, c'est que cela revenait à l'assimiler à quelque chose de connu, qu'ils pouvaient façonner eux-mêmes et maîtriser, qui ne les dépassait pas. Pourtant, ils ont déjà reçu l'interdiction de représenter une divinité quelconque (Exode 20.4-5, 22-23). Faire une telle représentation, ce n'est pas représenter l'Eternel, contrairement à ce qu'Aaron pense: c'est adorer un autre dieu.

En tant que chrétiens, nous avons parfois tendance à faire comme les Israélites dans cet épisode: nous privilégions un enseignement qui nous convient dans la Bible par rapport à d'autres vérités qui le nuanceraient. Notre biais personnel (origine, enseignements reçus, expériences faites) nous maintient sur des ornières. Nous cherchons à faire entrer le Seigneur dans notre manière de penser. En quelque sorte, nous l'enfermons dans le moule de nos capacités intellectuelles.

Pour des Occidentaux bien cartésiens, en particulier, il est difficile de laisser une part au mystère et d'admettre qu'il y a des vérités que nous ne pouvons pas réellement saisir. Pour nous aussi, il est difficile d'adorer un Dieu invisible et insaisissable. Cherchons à lui être vraiment fidèles en lui reconnaissant la liberté de nous surprendre dans les semaines et les mois qui viennent.

Prière Seigneur, aide-moi à prendre conscience du fait que tu me dépasses et à respecter cette vérité dans la manière dont je parle de toi et dont je vis avec toi au quotidien.

8 avril 2020

Les «oui» de Dieu

Jour 24

Aussi vrai que Dieu est fidèle, la parole que nous vous avons adressée n'a pas été «oui» et «non».
En effet, le Fils de Dieu, Jésus-Christ, que nous avons prêché au milieu de vous, Silvain, Timothée et moi, n'a pas été «oui» et «non». Au contraire, en lui il n'y a que le «oui».
En effet, pour toutes les promesses de Dieu, c'est en lui que se trouve le «oui», et c'est donc aussi par lui que nous disons «amen» à Dieu, pour sa gloire.

2 Corinthiens 1.18-20

Dans l'imaginaire collectif, Dieu est plus associé au «non» qu'au «oui». Pourtant, nous voyons dans sa Parole qu'il prononce de multiples «oui»:

* Il dit «oui» à notre existence. Bien avant notre naissance, il nous connaissait parfaitement (Psaume 139.16), et chaque jour, il renouvelle à tous, sans distinction, «la vie, le souffle et toute chose» (Actes 17.25).
* Il dit «oui» à une relation. Même si l'être humain a prononcé un «non» d'indépendance vis-à-vis de Dieu en cédant à la tentation de devenir dieu lui-même, Dieu a toujours dit «oui» à une relation avec l'homme qu'il a créé. Et le point culminant de ce «oui» s'est incarné dans un petit enfant, né dans la pauvreté à Bethléhem, sans aucun apparat. Devenu adulte, en frayant avec ceux qui étaient considérés comme infréquentables, en guérissant les uns ou en ressuscitant d'autres, en interpellant chacun, il a manifesté le «oui» de Dieu de manière

parfaite. Et, plus encore, aussi paradoxal que cela paraisse, ce «oui» de Dieu n'a jamais été plus grand que lors de la crucifixion du Messie, scandale pour les uns et folie pour les autres, mais sublime démonstration de l'amour divin.

* Il dit «oui» à une alliance. L'amour de Dieu est à la fois fidèle et authentique (deux mots qui ne sont pas contradictoires pour lui). Pour nous en donner concrètement l'assurance, il inscrit cet amour dans le cadre d'une alliance. Et celle-ci a un prix: celui du sang versé. Jésus le précise, lors du dernier repas avec ses disciples, en leur tendant une coupe de vin.
* Enfin, son «oui» précède les nôtres: «Que votre parole soit 'oui' pour oui, 'non' pour non; ce qu'on y ajoute vient du mal», nous enjoint le Christ (Matthieu 5.37). Toutefois, si la volonté et/ou la mise en pratique nous manquent, Dieu «produit le vouloir et le faire» en nous, et ce, «pour son projet bienveillant» (Philippiens 2.13), certes, mais aussi pour que nos «oui» reposent sur une base solide.

Prière Merci, Père, pour tes multiples «oui» qui m'accompagnent, en particulier pour celui que tu as démontré en Jésus-Christ. J'aimerais aujourd'hui te dire – ou te renouveler – un «oui» sincère, pour te chercher, pour mieux te connaître et pour vivre en dépendant pleinement de toi. Amen.

9 avril 2020

Un jardin de douleur

Jour 25

Il lui convenait donc de qualifier parfaitement par des souffrances l'auteur de leur salut. Hébreux 2.10

Pendant sa vie terrestre, Christ a présenté avec de grands cris et avec larmes des prières et des supplications à celui qui pouvait le sauver de la mort, et il a été exaucé à cause de sa piété. Ainsi, bien qu'étant Fils, il a appris l'obéissance par ce qu'il a souffert. Et parfaitement qualifié, il est devenu pour tous ceux qui lui obéissent l'auteur d'un salut éternel

Hébreux 5.7-9

Mon Père, si cela est possible, que cette coupe s'éloigne de moi! Toutefois, non pas ce que je veux, mais ce que tu veux.

Matthieu 26.39 (cf. 26.42, 44)

En échange de la joie qui lui était réservée, il a souffert la croix en méprisant la honte qui s'y attachait et il s'est assis à la droite du trône de Dieu. **Hébreux 12.2**

Lors d'un voyage récent en Israël, nous avons visité les lieux emblématiques de Jérusalem, et en particulier le jardin de Gethsémané, au pied du mont des Oliviers. S'il est difficile, devant l'affluence des touristes et à vingt siècles de distance, de faire correspondre ce lieu avec le récit des Evangiles, ce qui s'est déroulé ici a été crucial pour Dieu, pour Jésus et également pour notre destinée.

L'auteur anonyme de la lettre aux Hébreux nous livre des paroles d'une sobriété et d'une acuité étonnantes, qui nous éclairent sur ce qui s'est noué dans ce jardin et dans les heures qui ont suivi.

Je retiens quatre éléments dans ce qu'il expose:

* Les souffrances de Jésus étaient nécessaires pour qu'il soit «qualifié» comme auteur de notre salut. S'il a vécu la vie que nous aurions dû vivre, il fallait également qu'il connaisse la souffrance, la honte attachée au supplice de la croix et la mort que nous aurions dû traverser.
* Christ a appris l'obéissance, mais pas de la même manière que nous. Alors que nous, nous l'apprenons en désobéissant et en étant ensuite repris, lui, il n'a jamais désobéi. Il est entré dans une dimension supplémentaire d'obéissance à travers ce qu'il a souffert.
* L'auteur précise que les prières et supplications que Jésus a présentées à «celui qui pouvait le sauver de la mort» ont trouvé une réponse. Lorsqu'on rapproche ce texte de la scène du jardin de Gethsémané, il est saisissant de constater que la prière exaucée a été certainement: «Que ta volonté soit faite et non la mienne.»
* Enfin, le parallèle entre les trois «Que votre joie soit complète» évoqués par

Christ (Jean 15.11; 16.24; 17.13) et les trois fois où la prière: «Que ta volonté soit faite» est exprimée dans le jardin permet de souligner le prix qui a été nécessaire pour nous assurer cette joie. Cependant, une joie sans commune mesure attend Jésus après tout ce chemin: c'est celle du serviteur qui «après tant de trouble, verra la lumière et sera satisfait» (Esaïe 53.11).

Scène mystérieuse, pour nous tenir dans l'humilité, où ce qui est révélé appelle un recueillement, une adoration adressée à Jésus et l'espérance ferme du jour où il régnera (1 Corinthiens 15.25), même si, aujourd'hui, «nous ne voyons pas encore que tout lui soit soumis» (Hébreux 2.8).

A l'effroi de ton âme, à l'angoisse profonde,
A ton front ceint d'épines, à l'outrage cruel,
A l'opprobre sanglant dont t'abreuva le monde,
Répond, Seigneur Jésus, ta gloire dans le ciel.

Adrien Ladrierre

10 avril 2020 ■

Lion de Juda, Agneau de Dieu

Jour 26

Que chacun de vous, au lieu de regarder à ses propres intérêts, regarde aussi à ceux des autres. Que votre attitude soit identique à celle de Jésus-Christ. Philippiens 2.4-5

Acceptez mes exigences et laissez-vous instruire par moi, car je suis doux et humble de cœur, et *vous trouverez le repos pour votre âme.* Matthieu 11.29

Jésus se présente à nous sous de multiples facettes: il est en même temps appelé «le lion de la tribu de Juda» et «l'Agneau de Dieu».
Le premier titre évoque son autorité, sa puissance, sa royauté, sa divinité. Lors de

son parcours sur terre, il s'est présenté comme le maître de la loi et du sabbat, étant souverain sur la maladie, commandant les éléments de la nature, tançant les marchands du temple et, enfin, démontrant sa puissance à travers le don de sa vie («Personne ne me l'enlève, mais je la donne de moi-même», Jean 10.18) et sa résurrection (il «a été déclaré Fils de Dieu avec puissance par sa résurrection», Romains 1.4).

Le titre «Agneau de Dieu» évoque plutôt sa douceur, son humilité, sa soumission, son humanité, révélées à travers sa naissance, son baptême, le discours des béatitudes et, également, le don de sa vie: «Il a été maltraité, il s'est humilié et n'a pas ouvert la bouche. Pareil à un agneau qu'on mène à l'abattoir, à une brebis muette devant ceux qui la tondent, il n'a pas ouvert la bouche» (Esaïe 53.7).

Lorsque je désire chercher et voir Jésus aujourd'hui, à quel aspect est-ce que je m'attache? Pour discerner ce qu'il ferait à ma place, j'ai plus tendance à être inspiré

par les traits d'humilité et de douceur attachés à l'agneau. Les deux textes proposés en entête vont dans le même sens: celui de Philippiens à travers l'exemple qu'il fournit par son désintéressement et son abaissement, et celui de l'Evangile selon Matthieu à travers l'instruction qu'il donne avec douceur et humilité de cœur.
Par ailleurs, cette douceur n'insiste pas sur ses droits (Philippiens 4.5); elle est bienveillante, remplie de grâce. L'humilité de Christ se traduit par la déférence, la soumission, le respect. C'est comme un roi plein de douceur qu'il a fait son entrée à Jérusalem (Matthieu 21.5) et qu'il est venu nous chercher. Et quand il reviendra demain, avec puissance, nous le verrons comme le lion de Juda!
Aujourd'hui, alors qu'il s'adonne à une activité pleine de douceur, celle de nous préparer une place auprès de lui, que pouvons-nous faire?
En attendant et hâtant la venue de ce moment (2 Pierre 3.12), nous pouvons inviter celles et ceux qui n'ont pas encore

rencontré Jésus-Christ à trouver leur place aujourd'hui dans l'Eglise, et demain au ciel. Chercher et voir Jésus ainsi qu'attendre son retour, cela passe aussi par là: le faire connaître, à la fois comme l'Agneau de Dieu et comme le roi de gloire!

Prière Seigneur, je te reconnais comme le lion de Juda éternel, souverain, insondable, celui devant lequel tous plieront le genou, et aussi comme l'Agneau de Dieu doux et humble de cœur, qui s'est donné pour enlever le péché du monde, y compris le mien. Que ta douceur et ton humilité s'incarnent toujours plus en moi, et qu'ainsi je te reflète plus fidèlement dans ce monde. Amen.

11 avril 2020

L'homme sur le chemin d'Emmaüs

Jour 27

Ce même jour, deux disciples se rendaient à un village appelé Emmaüs, éloigné de Jérusalem d'une douzaine de kilomètres. Ils discutaient ensemble de tout ce qui s'était passé.
Pendant qu'ils parlaient et discutaient, Jésus lui-même s'approcha et fit route avec eux, mais leurs yeux étaient empêchés de le reconnaître.
Il leur dit: «De quoi parlez-vous en marchant, pour avoir l'air si tristes?»
L'un d'eux, un dénommé Cléopas, lui répondit: «Es-tu le seul en séjour à Jérusalem qui ne sache pas ce qui y est arrivé ces jours-ci?»
(...)
Alors Jésus leur dit: «Hommes sans intelligence, dont le cœur est lent à croire tout ce

qu'ont dit les prophètes! Ne fallait-il pas que le Messie souffre ces choses et qu'il entre dans sa gloire?»

Puis, en commençant par les écrits de Moïse et continuant par ceux de tous les prophètes, il leur expliqua dans toutes les Ecritures ce qui le concernait.

Lorsqu'ils furent près du village où ils allaient, il parut vouloir aller plus loin, mais ils le retinrent avec insistance en disant: «Reste avec nous car le soir approche, le jour est déjà sur son déclin.»

Alors il entra pour rester avec eux.

Pendant qu'il était à table avec eux, il prit le pain et, après avoir prononcé la prière de bénédiction, il le rompit et le leur donna. Alors leurs yeux s'ouvrirent et ils le reconnurent, mais il disparut de devant eux.

Ils se dirent l'un à l'autre: «Notre cœur ne brûlait-il pas en nous lorsqu'il nous parlait en chemin et nous expliquait les Ecritures?»

Ils se levèrent à ce moment même et retournèrent à Jérusalem, où ils trouvèrent les onze et les autres qui étaient rassemblés et qui

leur dirent: «Le Seigneur est réellement ressuscité et il est apparu à Simon.»

Luc 24.13-34

L'une des premières apparitions du Christ ressuscité est narrée d'une manière qui fait participer le lecteur à la scène, généralement intitulée «Les disciples d'Emmaüs». Plusieurs éléments structurent ce texte:

* «Jésus lui-même s'approcha et fit route avec eux, mais leurs yeux étaient empêchés de le reconnaître.» En un certain nombre d'occasions, le Seigneur n'a pas été reconnu après sa résurrection; peut-être cela suggère-t-il que nous ne pouvons pas voir le Christ ressuscité, même s'il marche avec nous, avant qu'il ne choisisse de se dévoiler.
* «Es-tu le seul qui ne sache pas ce qui est arrivé ces jours-ci?» L'actualité est prégnante, dramatique, au point qu'elle touche encore tout Jérusalem

(cf. Matthieu 2.3; 21.10). Elle éclipse le message d'espérance le plus puissant qui soit: celui de la résurrection. De la constatation du tombeau vide à la proclamation de la mort vidée de son pouvoir, il y a un pas que les deux hommes ne peuvent pas encore franchir, pas plus qu'ils ne parviennent à voir Jésus.

* «Il leur expliqua dans toutes les Ecritures ce qui le concernait.» Autant les disciples d'Emmaüs avaient saisi le sens des promesses d'un Messie glorieux, autant ils n'étaient pas allés au cœur des prophéties évoquant un Messie souffrant. Le «toutes les Ecritures» s'avère nécessaire pour leur donner une vision juste, pour détourner leurs pensées de l'actualité et, finalement, pour les conduire à demander à leur compagnon de route: «Reste avec nous.»
* «Leurs yeux s'ouvrirent et ils le reconnurent, mais il disparut de devant eux.» La grâce de la rencontre avec le Christ ressuscité est «rétroactive»: ils le reconnaissent *a posteriori*, sans doute à la vue

des marques des clous, ajoutées au geste – pour eux familier – qu'il effectue pour rompre le pain, peut-être aussi grâce à l'explication des Ecritures, ou peut-être tout simplement parce que c'est le temps de Dieu pour eux.

* «Notre cœur ne brûlait-il pas en nous?» Autant nous pouvons imaginer que l'aller a été pesant pour eux, autant nous comprenons que le chemin du retour est aussitôt et allègrement parcouru. Grâce aux paroles de Jésus ressuscité et à leur rencontre avec lui, leur esprit est ravivé, leur élan est ranimé. Les voilà porteurs, et pour longtemps, du plus beau des messages, sans lequel leur foi était inutile (1 Corinthiens 15.17). Un message qui a été le tournant et le moteur de leur vie et qui retentit encore aujourd'hui, à la fois immuable et nouveau!

Prière Seigneur, merci pour la réalité puissante de la résurrection. Qu'elle chemine avec moi comme tu as fait route avec les disciples d'Emmaüs, étayée par toutes les Ecritures. Que je puisse faire mienne la réalité d'un Christ vivant et présent pour te dire: «Reste avec moi», plutôt que de me laisser accaparer par l'actualité.

Merci parce que ta résurrection est le fondement de la vie éternelle que tu m'as donnée, tout comme de ma vie quotidienne. En effet, tu l'as promis: «Parce que moi je vis, vous aussi vous vivrez»[9] (Jean 14.19).

12 avril 2020

[9] Version J. N. Darby.

Vivre le temps de Dieu

Jour 28

Va annoncer à Ezéchias: «Voici ce que dit l'Eternel, le Dieu de ton ancêtre David: 'J'ai entendu ta prière, j'ai vu tes larmes. J'ajoute quinze années à ta vie.
(...)
Voici pour toi, de la part de l'Eternel, le signe qu'il accomplira la parole qu'il a prononcée: je vais faire reculer l'ombre des marches qui est descendue sur l'escalier d'Achaz, et ce grâce au soleil.'»
(...)
C'est le vivant, oui, c'est le vivant qui te célèbre, comme moi aujourd'hui.

Esaïe 38.5-19

Mes destinées sont dans ta main.

Psaume 31.16

Le jour du bonheur sois heureux, et le jour du malheur réfléchis! Dieu a fait l'un comme l'autre. Ecclésiaste 7.14

Jette ton pain à la surface de l'eau, car avec le temps tu le retrouveras. (…)
Celui qui observe le vent ne sèmera pas et celui qui regarde les nuages ne moissonnera pas. Ecclésiaste 11.1-4

Celui qui a reçu la semence dans le sol pierreux, c'est celui qui entend la parole et l'accepte aussitôt avec joie; mais il n'a pas de racines en lui-même, il est l'homme d'un moment. (…)
Celui qui a reçu la semence parmi les ronces, c'est celui qui entend la parole, mais les préoccupations de ce monde et l'attrait trompeur des richesses étouffent cette parole et la rendent infructueuse.
Celui qui a reçu la semence dans la bonne terre, c'est celui qui entend la parole et la comprend; il porte du fruit avec un rapport de 100, 60 ou 30 pour 1.» Matthieu 13.20-23

■ Ezéchias a connu un destin peu ordinaire en apprenant le temps qu'il lui restait à vivre, avec une confirmation par un signe lié au temps (l'ombre du soleil sur les marches). Cette grâce qui lui a été faite à l'époque nous interpelle aujourd'hui sur notre capacité à vivre le temps de Dieu, à ajouter sa vie à nos jours plutôt que davantage de jours à notre vie. «C'est le vivant qui te célèbre», dira Ezéchias après avoir été guéri. De la même manière, Dieu veut que nous vivions pleinement le temps qu'il nous donne – le sien –, et non que nous le vivions à demi.

Vivre le temps de Dieu, c'est d'abord vivre notre condition humaine. C'est vivre les jours heureux faits des bonheurs accordés par le Seigneur, comme ceux d'aimer, de travailler, de manger et boire.

C'est aussi prendre conscience, dans les jours sombres, de la fragilité de notre existence et, à l'aune de celle-ci, de la vanité attachée à certaines de nos aspirations.

Cependant, si l'Ecclésiaste nous invite à la réflexion, il nous encourage aussi à agir, à donner et à semer, quelles que soient les circonstances.

Semer, justement: vivre le temps de Dieu, c'est accueillir avec douceur sa parole (Jacques 1.21).

C'est prendre le temps de la laisser s'enraciner pour qu'elle produise ensuite le fruit, la vie. Et les circonstances actuelles contribuent à développer en nous ces racines profondes.

Semer, c'est encore revisiter notre usage du temps, afin de ne pas nous laisser accaparer par les soucis de l'instant.

Enfin, cette terre fertile nous enseigne la dépendance envers Dieu. En effet, elle ne peut pas décider de faire venir la semence à elle; elle peut simplement choisir de quelle manière elle va l'accueillir. Vivre le temps de Dieu, c'est donc dépendre pleinement de lui chaque jour.

Le poème ci-après, trouvé sur Odette Prévost, une sœur catholique, juste après son assassinat en Algérie le 10 novembre 1995, illustre merveilleusement bien cette attitude.

Vis le jour d'aujourd'hui.
Dieu te le donne, il est à toi.
Vis-le en Lui.

Le jour de demain est à Dieu.
Il ne t'appartient pas.
Ne porte pas sur demain
le souci d'aujourd'hui.
Demain est à Dieu,
remets-le-lui.

Le moment présent est une frêle
passerelle.
Si tu le charges des regrets d'hier,
de l'inquiétude de demain,
la passerelle cède
et tu perds pied.

Le passé? Dieu le pardonne.
L'avenir? Dieu le donne.
Vis le jour d'aujourd'hui
en communion avec Lui.

13 avril 2020

Un nom grand

Jour 29

Toute la terre avait une seule langue et les mêmes mots. Après avoir quitté l'est, ils trouvèrent une plaine dans le pays de Shinear et s'y installèrent.

Ils se dirent l'un à l'autre: «Allons! Faisons des briques et cuisons-les au feu!»

La brique leur servit de pierre, et le bitume de ciment.

Ils dirent encore: «Allons! Construisons-nous une ville et une tour dont le sommet touche le ciel et faisons-nous un nom afin de ne pas être dispersés sur toute la surface de la terre.»

L'Eternel descendit pour voir la ville et la tour que construisaient les hommes, et il dit: «Les voici qui forment un seul peuple et ont tous une même langue, et voilà ce qu'ils ont entrepris! Maintenant, rien ne les

retiendra de faire tout ce qu'ils ont projeté. Allons! Descendons et là brouillons leur langage afin qu'ils ne se comprennent plus mutuellement.»
L'Eternel les dispersa loin de là sur toute la surface de la terre. Alors ils arrêtèrent de construire la ville. C'est pourquoi on l'appela Babel: parce que c'est là que l'Eternel brouilla le langage de toute la terre et c'est de là qu'il les dispersa sur toute la surface de la terre.

Genèse 11.1-9

Bien connue, l'histoire de la tour de Babel contient plusieurs éléments suggérant une forme de moquerie ou de dérision:

* Les êtres humains veulent construire une ville et une tour pour ne pas être dispersés (contrairement à l'ordre divin rapporté en Genèse 9.1), et c'est précisément ce projet qui débouche sur leur dispersion. Notons que leur désir de se faire un nom correspond à une préoccupation

courante dans l'Antiquité: ne pas disparaître dans l'anonymat de l'histoire.

* Ils veulent toucher le ciel en construisant une tour qui permette de monter vers lui; or, l'Eternel doit descendre pour voir le résultat de leurs travaux.
* Le nom de la ville (Babel) n'est révélé qu'à la fin du récit, et un sens pas particulièrement flatteur – étant donné leur projet initial – lui est associé; avec l'idée de brouillage, on est loin de la signification de «porte des dieux» du nom akkadien de Babylone.

Peu après, l'Eternel se révèle à un être humain qui n'a rien demandé: Abram. A lui, il affirme qu'il va rendre son nom grand (Genèse 12.1-3). Les méthodes et objectifs divins contrastent toutefois avec ceux des hommes lors de l'épisode de la tour de Babel:

* L'être humain concerné doit quitter son contexte de vie habituel et sa famille, se séparer d'eux, accepter une forme

d'isolement par rapport aux autres et un départ pour l'inconnu.

* Il doit faire aveuglément confiance au Dieu qui l'appelle et accepter l'idée que c'est lui qui lui fera un grand nom.
* Aucune préoccupation égoïste n'est associée à cette grâce: il sera béni en vue d'être une bénédiction pour les autres, et pas seulement pour sa famille mais pour toute la terre.

Le contraste entre ces deux épisodes montre que Dieu se situe bien au-dessus de toutes les entreprises humaines et qu'il fait les choses à sa façon. C'est lui qui décide des moments et des personnes. Cependant, il a pour objectif la bénédiction de tous.

Prière Seigneur, oriente mes préoccupations vers la grandeur de ton nom plutôt que du mien. Transforme mes pensées pour que tes préoccupations deviennent les miennes et fais-moi la grâce de m'employer pour bénir les autres!

14 avril 2020

L'appel de Jean-Baptiste

Jour 30

Un ange du Seigneur apparut à Zacharie et se tint debout à droite de l'autel des parfums. Zacharie fut troublé en le voyant et la peur s'empara de lui. Mais l'ange lui dit: «N'aie pas peur, Zacharie, car ta prière a été exaucée. Ta femme Elisabeth te donnera un fils et tu l'appelleras Jean. Il sera pour toi un sujet de joie et d'allégresse et beaucoup se réjouiront de sa naissance.»
(...)
Zacharie dit à l'ange: «A quoi reconnaîtrai-je cela? En effet, je suis vieux et ma femme est d'un âge avancé.»
L'ange lui répondit: «Je suis Gabriel, je me tiens devant Dieu; j'ai été envoyé pour te parler et pour t'annoncer cette bonne nouvelle. Voici, tu seras muet et tu ne pourras plus

parler jusqu'au jour où cela arrivera, parce que tu n'as pas cru à mes paroles qui s'accompliront au moment voulu.»
(...)
Le moment où Elisabeth devait accoucher arriva et elle mit au monde un fils. Ses voisins et ses parents apprirent que le Seigneur avait fait preuve d'une grande bonté envers elle, et ils se réjouirent avec elle.
Le huitième jour, ils vinrent pour circoncire l'enfant. Ils voulaient l'appeler Zacharie, d'après le nom de son père, mais sa mère prit la parole et dit: «Non, il sera appelé Jean.»
(...)
L'enfant grandissait et se fortifiait en esprit. Il resta dans les déserts jusqu'au jour où il se présenta devant Israël.

Luc 1.11-80

■ Le ministère de Jean-Baptiste inaugure chacun des quatre Evangiles, en tant que prérequis nécessaire à la venue de Jésus-Christ. Dieu n'a pas parlé depuis le prophète Malachie, soit depuis quelque quatre siècles (comme si, pour nous, il n'avait pas parlé depuis la guerre de Trente Ans). Il s'apprête à accomplir des choses extraordinaires dans la vie de personnes ordinaires. A temps exceptionnel, message exceptionnel: le message et la vie de Jean-Baptiste sont, plus que jamais, d'une grande actualité. Je vous propose une réflexion en trois temps, articulée autour de son appel, de son message et, enfin, de ses doutes.

Son appel commence par une révélation accordée à Zacharie, son père. Une annonce qui vient répondre à de nombreuses prières. Mais, paradoxalement, cet exaucement rencontre l'incrédulité de Zacharie, ce qui nous amène à nous interroger: sommes-nous prêts à voir nos souhaits se réaliser, surtout après une longue attente?

Je suis touché par les deux: «N'aie pas peur» que l'ange Gabriel adresse à Zacharie

et Marie. Dieu s'approche de nous avec douceur, même pour nous annoncer de bonnes nouvelles.
Lors de la naissance de Jean-Baptiste, la surprise engendrée par son prénom interpelle: sommes-nous prêts à voir le Seigneur accomplir des choses nouvelles, ici et maintenant, ou bien limitons-nous sa puissance au passé («nos pères», «Abraham»..., Luc 1.55) ou à l'avenir («Je sais qu'il ressuscitera lors de la résurrection, le dernier jour», Jean 11.24)?
A l'issue d'un temps où un micro-organisme de 100 nanomètres a amené au report d'événements tels que les Jeux olympiques et arrêté des économies à l'échelle planétaire, n'est-ce pas le moment de croire que Dieu peut réaliser des choses nouvelles dans notre vie aujourd'hui?
L'éducation de Jean-Baptiste est, en outre, riche d'enseignements: plus que de le pousser à suivre un prestigieux cursus, à acquérir un important savoir, ses parents laissent leur fils se rendre au désert afin qu'il y écoute la voix et l'appel de Dieu. Quelle

ambition avons-nous pour la génération qui nous succède?

Prière Merci, Seigneur, pour ces récits magnifiques qui précèdent le plus beau des événements que le monde ait jamais connu: ta venue sur la terre.
Je désire être à l'écoute de ton appel et de ce que tu voudras accomplir de nouveau dans ma vie. Aide-moi ainsi à dépasser mes idées préconçues et à prêter attention à la conduite de ton Esprit.

15 avril 2020

Le message de Jean-Baptiste

Jour 31

Jean parcourut toute la région du Jourdain; il prêchait le baptême de repentance pour le pardon des péchés, conformément à ce qui est écrit dans le livre des paroles du prophète Esaïe: *C'est la voix de celui qui crie dans le désert: 'Préparez le chemin du Seigneur, rendez ses sentiers droits.' Toute vallée sera comblée, toute montagne et toute colline seront abaissées; ce qui est tortueux sera redressé et les chemins rocailleux seront aplanis. Et tout homme verra le salut de Dieu.*

Il disait donc aux foules qui venaient se faire baptiser par lui: «Races de vipères, qui vous a appris à fuir la colère à venir? Produisez donc des fruits qui confirment votre changement d'attitude et ne vous mettez pas à dire en vous-mêmes: 'Nous avons Abraham pour ancêtre!' En effet, je vous déclare que de ces pierres Dieu peut faire naître des descendants à Abraham. Déjà la hache est mise à la racine des arbres: tout arbre qui ne produit pas de bons fruits sera donc coupé et jeté au feu.»

La foule l'interrogeait: «Que devons-nous donc faire?»

Il leur répondit: «Que celui qui a deux chemises partage avec celui qui n'en a pas, et que celui qui a de quoi manger fasse de même.»

Des collecteurs d'impôts vinrent aussi pour se faire baptiser; ils lui dirent: «Maître, que devons-nous faire?»

Il leur répondit: «N'exigez rien de plus que ce qui vous a été ordonné.»

Des soldats aussi lui demandèrent: «Et nous, que devons-nous faire?»

Il leur répondit: «Ne commettez ni extorsion ni tort envers personne et contentez-vous de votre solde.» Luc 3.3-14

Il faut qu'il grandisse et que moi, je diminue.

Jean 3.30

Le cœur du message de Jean le baptiseur tient en un mot grec: *metanoia*. Celui-ci renvoie à une transformation radicale de la personne, qui renonce à ses attitudes fautives, pour adopter un nouveau comportement et une nouvelle perspective, conformes à la volonté de Dieu.
Jean va ainsi interpeller ses interlocuteurs à la fois à propos des pensées qu'ils ont nourries et des comportements qu'ils ont laissés s'installer, afin de préparer le chemin du Seigneur.
Il cite d'abord Esaïe 40 en évoquant quatre points:

* Ce qui est devenu compliqué, tortueux, faussé doit être rendu droit. Quels raisonnements faussés avons-nous entretenus, quelles habitudes devant être rendues droites avons-nous prises?
* Ce qui n'a pas d'importance, ce qui est méprisé, petit, doit être relevé. Quelles sont les choses auxquelles nous n'avons pas accordé l'attention qu'elles méritaient?

* A l'inverse, les montagnes et les collines doivent être abaissées. A quoi avons-nous attaché trop d'importance? Quelles sont les montagnes et les collines dans notre vie qui font obstacle au chemin du Seigneur?
* Ce qui est rocailleux doit être aplani. Quels obstacles (y compris des problèmes non réglés) avons-nous tolérés dans notre marche?

Jean complète son message en apostrophant ceux qui s'appuient sur leurs origines ou leur statut, et il montre que seuls les fruits manifestant une repentance authentique comptent.
Il questionne également ses interlocuteurs sur leurs comportements installés, notamment en ce qui concerne la générosité et la justice, thèmes très actuels! Le changement de comportement permet ainsi de revisiter une manière de penser erronée.
Enfin, lorsque les ministères de Jean et de Jésus «se télescopent», le premier a une réaction très belle, magnifique conclusion

de son message: «Il faut qu'il grandisse et que moi, je diminue.»

Prière Seigneur, je désire changer de perspective et de comportement, là où cela s'avère nécessaire dans ma vie, afin de préparer ton chemin. «Que toi, tu grandisses, et que moi, je diminue» peut être facile à dire, mais bien plus difficile à réaliser… Donne-moi la grâce de le vivre! Amen.

16 avril 2020

Les doutes de Jean-Baptiste

Jour 32

Or, dans sa prison, Jean avait entendu parler de ce que faisait Christ. Il envoya deux de ses disciples lui demander: «Es-tu celui qui doit venir ou devons-nous en attendre un autre?» Jésus leur répondit: «Allez rapporter à Jean ce que vous entendez et ce que vous voyez: *les aveugles voient, les boiteux marchent*, les lépreux sont purifiés, *les sourds entendent*, les morts ressuscitent et *la bonne nouvelle est annoncée aux pauvres.*» (...)
Comme ils s'en allaient, Jésus se mit à dire à la foule au sujet de Jean: «Qu'êtes-vous allés voir au désert? (...) Un prophète? Oui, je vous le dis, et plus qu'un prophète, car c'est celui à propos duquel il est écrit: *Voici, j'envoie mon messager devant toi pour te préparer le chemin.* Je vous le dis en vérité, parmi ceux qui

sont nés de femmes, il n'est venu personne de plus grand que Jean-Baptiste.»

Matthieu 11.2-11

Jésus retourna de l'autre côté du Jourdain, à l'endroit où Jean avait d'abord baptisé, et il y resta.
Beaucoup de gens vinrent vers lui; ils disaient: «Jean n'a fait aucun signe miraculeux, mais tout ce qu'il a dit à propos de cet homme était vrai.» Et là, beaucoup crurent en lui.

Jean 10.40-42

Cet épisode est étonnant… Jean-Baptiste éprouve des doutes sur le point à propos duquel il ne devrait jamais douter: sur le cœur de sa mission. Pourquoi?
Essayons de nous représenter la scène: il attend un Messie qui doit délivrer Israël et le faire sortir de prison (Esaïe 61 ne dit-il pas que ce libérateur annoncera la délivrance aux prisonniers?). Mais les semaines passent, et il entend dire que le Christ fraye

avec les infréquentables, ne jeûne pas et guérit les jours de sabbat. Tout cela ne correspond sans doute pas à l'idée qu'il s'est faite du Sauveur attendu, lui qui jeûne et s'abstient de boissons alcoolisées.

Jésus lui répond précisément par des prophéties tirées d'Esaïe 61 et d'Esaïe 35, sans citer l'accomplissement qui a trait aux prisonniers et en mettant l'accent sur la bonne nouvelle annoncée aux pauvres. Il vient sous d'autres traits et en annonçant un autre message que ceux imaginés par Jean.

Si cet épisode contient un profond encouragement pour celles et ceux qui doutent (puisque même celui qui était chargé de précéder Jésus a douté!), il nous apprend également à ne pas «enfermer Dieu dans une boîte» ou, en d'autres termes, à ne pas lui dicter un accomplissement des prophéties suivant nos propres certitudes!

Néanmoins, le bilan de la vie de Jean-Baptiste est très beau: il est «plus qu'un prophète», il est l'Elie qui devait venir!

Le disciple Jean conclut magnifiquement en décrivant un homme qui, même s'il n'a pas

accompli de nombreux miracles, a préparé fidèlement le chemin du Seigneur, de telle sorte que beaucoup ont cru en lui.
Que Dieu nous aide, dans ce temps de crise, à être, à notre tour, des panneaux indicateurs qui ne cherchent pas à «prendre la lumière» mais à préparer, dans leur vie et dans celle des autres, le chemin du Seigneur!

Prière Seigneur, j'admire ta douceur dans la réponse apportée à Jean-Baptiste. Elle m'encourage dans les moments où je doute. Prépare-moi, comme tu l'as fait pour lui, à faire office de témoin pour toi, qui es la lumière, et à préparer ainsi ton chemin en moi et dans la vie de ceux que je côtoie.

17 avril 2020

Avec toi, malgré toi

Jour 33

Lorsque les Israélites crièrent à l'Eternel au sujet de Madian, l'Eternel leur envoya un prophète. Il leur dit: «Voici ce que dit l'Eternel, le Dieu d'Israël: Je vous ai fait sortir d'Egypte et quitter la maison d'esclavage. Je vous ai délivrés de la domination des Egyptiens et de tous ceux qui vous opprimaient. Je les ai chassés devant vous et je vous ai donné leur pays. Je vous ai dit: 'Je suis l'Eternel, votre Dieu. Vous ne craindrez pas les dieux des Amoréens, même si vous habitez dans leur pays.' Mais vous ne m'avez pas écouté.»
Puis l'ange de l'Eternel vint et il s'assit sous le térébinthe d'Ophra, qui appartenait à Joas, membre de la famille d'Abiézer. Son fils Gédéon battait du blé au pressoir pour le mettre à l'abri des Madianites. L'ange de l'Eternel lui apparut et lui dit: «L'Eternel est avec toi, vaillant héros!»

Gédéon lui dit: «Ah! mon seigneur, si l'Eternel est avec nous, pourquoi tout cela nous est-il arrivé? Où sont tous ses actes merveilleux, ceux que nos pères nous racontent quand ils disent: 'L'Eternel ne nous a-t-il pas fait sortir d'Egypte?' Maintenant l'Eternel nous abandonne et nous livre entre les mains de Madian!»
L'Eternel se tourna vers lui et dit: «Va avec la force que tu as et délivre Israël de l'oppression de Madian. N'est-ce pas moi qui t'envoie?»

Juges 6.7-14

L'histoire de Gédéon commence par l'envoi d'un prophète; par sa voix, l'Eternel rappelle tout ce qu'il a fait pour les Israélites et une instruction qu'il leur a donnée: l'adorer, lui seul. Il conclut: «Mais vous ne m'avez pas écouté.»
Gédéon ne se distingue pas par sa bravoure ni par sa fidélité à l'Eternel: il se cache pour battre le blé et le mettre à l'abri des Madianites, et sa famille a la charge d'un

autel dédié à Baal (Juges 6.25-27). Pourtant, Dieu lui offre d'emblée sa présence, alors même qu'il ne présente pas de garanties particulières en matière de foi, et il lui donne *de facto* un titre («vaillant héros») qu'il ne pourra légitimement porter que plus tard. En effet, pour l'instant, il n'est pas un combattant et il n'a fait preuve d'aucune aptitude ni attitude extraordinaire.

Dès que l'ange lui dit quelque chose, Gédéon le conteste, tout en l'appelant «mon seigneur». Après avoir douté ouvertement de la présence de l'Eternel, il remet en question la pertinence de son ordre de délivrer Israël: il prétend n'avoir aucune force et venir d'un milieu sans importance. Quand l'Eternel réaffirme sa présence et le fait que ce facteur suffit pour battre les Madianites, il remet en question le fait que c'est bien lui qui lui parle.

Pas une seule fois, Dieu ne montre un signe d'agacement. Il lui laisse patiemment le temps d'assimiler la révélation qu'il lui accorde de lui-même et lui accorde les signes dont il a besoin.

Cela a de quoi nous rassurer: le Seigneur n'attend pas que nous soyons parfaits du point de vue du caractère, de la disponibilité, des compétences, des convictions ou de la foi en lui pour nous employer à son service. Il tient compte de nos faiblesses, de nos doutes, de nos peurs, et il les compense par sa force à lui, par sa présence à lui. La suite de l'histoire montre que Gédéon n'a pas tout compris en ce qui concerne l'attitude face aux faiblesses des autres et l'idolâtrie; néanmoins, il est cité parmi les héros de la foi en Hébreux 11.32. Là aussi, il y a de quoi nous rassurer!

Prière Mon Dieu, merci de t'être révélé un jour à moi. Tu connais mes faiblesses et ma tendance à m'égarer loin de toi ou à ne pas vraiment écouter ce que tu me dis, voire à le contester. Pourtant, tu as choisi de m'utiliser, tu m'aimes et tu continues à me parler, jour après jour. Merci de la patience dont tu fais preuve envers moi.

18 avril 2020

Examiner nos motivations

Jour 34

D'Ephraïm sont arrivés les habitants
d'Amalek,
à ta suite a marché Benjamin comme
membre de ta troupe. (...)
Mais près des ruisseaux de Ruben,
grandes ont été les délibérations du cœur!
Pourquoi es-tu resté au milieu des étables
à écouter le bêlement des troupeaux?
Près des ruisseaux de Ruben,
grandes ont été les délibérations du cœur!
Galaad, de l'autre côté du Jourdain, n'a pas
quitté sa demeure.
Pourquoi Dan est-il resté sur les bateaux?
Aser s'est assis sur le rivage de la mer
et s'est reposé dans ses ports.

Juges 5.14-17

Les hommes d'Ephraïm dirent à Gédéon: «Que signifie cette manière d'agir envers nous? Pourquoi ne pas nous avoir appelés, quand tu es allé combattre Madian?» Ils s'en prirent violemment à lui.
Gédéon leur répondit: «Qu'ai-je fait en comparaison de vous? Le peu qu'a pu grappiller Ephraïm ne vaut-il pas mieux que tout ce qu'a pu récolter la famille d'Abiézer? C'est entre vos mains que Dieu a livré Oreb et Zeeb, les chefs de Madian. Qu'ai-je donc pu faire en comparaison de vous?»
Lorsqu'il eut dit cela, leur colère contre lui s'apaisa. Juges 8.1-3

Les hommes d'Ephraïm se rassemblèrent, partirent pour le nord et dirent à Jephthé: «Pourquoi es-tu allé combattre les Ammonites sans nous avoir appelés à marcher avec toi? Nous voulons incendier ta maison et te brûler avec elle.»
Jephthé leur répondit: «Nous avons eu de grands sujets de querelle, mon peuple et moi, avec les Ammonites et, quand je vous

ai appelés à l'aide, vous ne m'avez pas délivré d'eux. Voyant que vous ne veniez pas à mon secours, j'ai risqué ma vie et j'ai marché contre les Ammonites. L'Eternel les a livrés entre mes mains. Pourquoi donc aujourd'hui montez-vous contre moi pour me faire la guerre?»
Jephthé rassembla tous les hommes de Galaad et livra bataille à Ephraïm. Les Galaadites battirent Ephraïm parce que les Ephraïmites disaient: «Vous n'êtes que des fuyards d'Ephraïm! Galaad fait partie d'Ephraïm et est passé à Manassé!»

Juges 12.1-4

■ Quand on lit les Juges, on constate qu'Israël ne forme pas une nation très unie, à cette époque-là. Le cantique de Débora montre que certaines tribus refusent de se présenter, lorsqu'un appel au combat est lancé. Plusieurs motifs à cela sont indiqués: l'incapacité à se décider, l'attachement aux

activités professionnelles ou, à l'inverse, l'envie de se la couler douce, autrement dit la flemme.
D'un autre côté, on a la tribu d'Ephraïm: elle répond présent à l'époque de Débora, et elle exprime son mécontentement de n'avoir pas pu participer aux combats comme elle l'aurait souhaité à l'époque de Gédéon, puis de Jephthé. «Magnifique! pourrait-on dire. Enfin un véritable engagement pour Dieu!»
La réalité que cache cet engagement est un peu moins belle: c'est en flattant leur orgueil que Gédéon parvient à calmer la colère des Ephraïmites, en leur faisant croire qu'il juge son propre rôle moins important que le leur.
Rebelote à l'époque de Jephthé: ils montent sur leurs grands chevaux et se plaignent de ne pas avoir été invités à combattre par le nouveau juge. Ils menacent même de s'en prendre à lui et à ses biens. Lui, il ne se laisse pas impressionner et leur reproche de ne pas être venus à son secours quand il a fait appel à eux, ce qui n'a pas empêché Dieu de lui donner la victoire. Ensuite, il

les combat, et la motivation de ses troupes semble décuplée par les propos pleins d'arrogance des Ephraïmites: ceux-ci prétendent que le territoire de leurs ennemis leur appartient, qu'ils ont des droits dessus. En guise de réponse, les troupes de Jephthé leur infligent une raclée.

C'est peut-être leur position géographique centrale sur le territoire d'Israël qui amène les Ephraïmites à considérer que leur rôle doit être central, lui aussi, ou le fait que leur ancêtre a été placé avant son frère aîné Manassé par Jacob et a eu droit à de grandes bénédictions. En tout cas, ils jugent indispensable leur participation à toutes les actions menées, et ils font preuve de jalousie lorsque ce n'est pas le cas ou qu'on ne leur attribue pas une place assez importante à leurs yeux.

On peut se dire que ces Israélites font preuve d'un certain manque de maturité, qu'ils se livrent à des enfantillages, et que c'est bien triste. En réalité, l'indifférence face au service de Dieu et, à l'inverse, la volonté de participer à tous les combats ou aux plus belles victoires ne se trouvent pas seulement parmi eux: on les trouve aussi chez les chrétiens, à titre individuel ou collectif. Un sentiment de frustration peut surgir lorsqu'on a l'impression d'être mis à l'écart par les autres ou d'être moins utilisé par Dieu qu'eux. Il y a parfois une forme de rivalité entre les œuvres chrétiennes et Eglises, ou en leur sein, pour déterminer qui est le plus «fidèle» ou le plus «béni».

Ne pas être assez motivé ou, au contraire, l'être trop et mal, cela peut faire des dégâts. Paul lui-même signale son refus de marcher sur les plates-bandes des autres (2 Corinthiens 10.12-18). Il a confiance que le champ d'action attribué par le Seigneur est le bon, et il souligne que c'est l'approbation divine qui compte, pas celle des hommes.

Dieu nous appelle à des services et des champs de service spécifiques, et il sait ce qu'il fait. Notre responsabilité, c'est de connaître l'appel qu'il nous adresse et de nous laisser animer par l'Esprit, en veillant sur la nature de nos motivations.

Prière Seigneur, merci parce que tu me connais et que tu me fais la grâce de me prendre à ton service, en me donnant les capacités nécessaires pour cela. Aide-moi à accomplir au mieux la tâche que tu me confies, sans envier ce que font les autres et sans me croire indispensable. Tu vois au plus profond de mon cœur et de mes motivations. Que ta pleine approbation soit la seule chose qui compte pour moi!

19 avril 2020 ■

Etre imitateurs de Dieu

Jour 35

Accueillez-vous donc les uns les autres comme Christ vous a accueillis, pour la gloire de Dieu. Romains 15.7

Pardonnez-vous réciproquement comme Dieu nous a pardonné en Christ.
Ephésiens 4.32

Tout comme Christ vous a pardonné, pardonnez-vous aussi. Colossiens 3.13

Mais si nous marchons dans la lumière, tout comme Dieu lui-même est dans la lumière, nous sommes en communion les uns avec les autres et le sang de Jésus-Christ son Fils nous purifie de tout péché. 1 Jean 1.7

Le Nouveau Testament présente à plusieurs reprises les personnes divines comme modèles et références, souvent pour ce qui concerne les relations interpersonnelles. Les textes proposés nous interpellent à propos du pardon, de l'accueil et de la vie dans la lumière.

Qu'est-ce que pardonner comme Dieu et comme Christ?

Ce n'est certainement pas relativiser la faute ou le mal commis qui nécessiterait le pardon. Et en même temps, c'est une volonté absolue de pardonner, même au prix le plus élevé.

Pardonner comme Jésus-Christ, c'est également penser à la première parole prononcée par Christ sur la croix: «Père, pardonne-leur, car ils ne savent ce qu'ils font» (Luc 23.34).

C'est aussi prendre conscience de notre besoin d'être pardonnés nous-mêmes. Pour prendre une image: si l'offenseur et l'offensé se tournent ensemble vers la croix, ils se retrouvent côte à côte face au pardon divin, et non plus face à face avec

pour seule compagnie leurs griefs et leur amertume.
Le pardon octroyé par Dieu n'est cependant pleinement effectif que lorsque nous confessons nos torts. Le Seigneur «oublie» ainsi nos péchés, dans le sens où il n'en tient plus compte dans la relation qu'il a avec nous. A son image, pardonnons et «oublions», lorsque la personne qui nous a infligé une blessure vient nous demander sincèrement pardon.
Accueillir comme Christ, c'est le faire à l'image des dimensions de son amour: sa largeur embrasse la plus grande diversité, sa longueur illustre sa patience, la hauteur et la profondeur son caractère inconditionnel. Les Eglises et la société ont plus que jamais besoin, aujourd'hui, de chrétien(ne)s enraciné(e)s et fondé(e)s dans cet amour (Ephésiens 3.17) pour le démontrer dans l'accueil mutuel.
Qu'est-ce que vivre dans la lumière comme Dieu? Dans le contexte de ce chapitre (la communion entre chrétiens), c'est examiner nos pensées, ne pas avoir d'intentions

ou de ressentiments cachés. Cette vie dans la lumière n'est possible que parce qu'il existe une possibilité de pardon de nos obscurités par l'œuvre de Jésus-Christ.
En résumé, ces «comme Dieu» et «comme Christ» sont essentiels, car:

* leur absolu questionne toutes les excuses que nous voudrions nous donner;
* l'amour et l'exemple divins nous transforment;
* la vie divine en nous nous permet de pratiquer de mieux en mieux le pardon et l'accueil de l'autre et de vivre dans la lumière.

Prière Seigneur, dans ces temps incertains où je ne sais pas dans quelle direction tu veux me conduire, où nous ignorons quel sera notre avenir, je peux me confier en toi. Merci parce que tu connais tout à l'avance, toi qui garderas parfaitement mon départ et mon arrivée! Amen.

20 avril 2020

Un mal qui n'est pas normal

Jour 36

Eternel, tu es mon Dieu; je proclamerai ta grandeur, je célébrerai ton nom, car tu as accompli des merveilles. Tu es parfaitement fidèle aux décisions prises depuis longtemps. En effet, tu as transformé la ville en décombres, la ville fortifiée en un tas de ruines. Le palais des étrangers est détruit, plus jamais il ne sera reconstruit. Voilà pourquoi des peuples puissants te donnent gloire, les villes de nations violentes te craignent.

Tu as été un refuge pour le plus faible, un refuge pour le malheureux dans la détresse, un abri contre l'orage, une ombre contre la chaleur. En effet, le souffle des hommes violents est pareil à l'ouragan qui frappe une muraille. Tout comme tu domptes la chaleur sur une terre brûlante, tu as dompté le tapage des étrangers. Tout comme la chaleur

est contrecarrée par l'ombre d'un nuage, les chants de triomphe des hommes violents ont été contrecarrés. (...)
Il engloutira la mort pour toujours. Le Seigneur, l'Eternel, essuiera les larmes de tous les visages, il fera disparaître de la terre la honte de son peuple. Oui, l'Eternel l'a décrété. **Esaïe 25.1-8**

Ce texte est surprenant: le prophète célèbre la grandeur de l'Eternel, et ce qu'il mentionne ensuite, c'est son œuvre de destruction de villes. Célébrerait-il une divinité sanguinaire?
En réalité, la Bible évoque à plusieurs reprises l'idée que la terre – ou une terre – est salie par la violence ou les actes abominables de ceux qui l'occupent et qu'elle finit par les vomir (voir Esaïe 24.1-6). Ce ne sont pas seulement nos gestes antiécologiques qui ont un impact mais aussi notre comportement (im)moral. Il y a un moment où la violence nécessite que Dieu intervienne. La

soif de justice qui anime les êtres humains rejoint, d'une certaine manière, son propre souci de justice. Les victimes ont le droit de se plaindre auprès de lui: leur cri sera entendu.

Ici, ce sont des nations violentes qui sont visées, et la sanction qu'il leur inflige est aussi un moyen, pour le Seigneur, de se révéler à elles. La différence entre les hommes et lui, c'est qu'il n'y a aucune trace d'injustice de son côté et qu'il est le seul juge capable d'être totalement juste. Parallèlement à son exercice de la justice et *par* cet exercice même de la justice contre les violents, il offre un refuge au faible, à celui qui est victime de cette violence. C'est là aussi que se révèle sa grandeur.

Nous considérons que le mal n'est pas normal, en particulier quand nous le subissons, parfois moins quand nous l'infligeons aux autres... Le Seigneur, lui, considère qu'il n'est pas normal de façon absolue; cela inclut tous les torts commis mais aussi tout ce qui est source de pleurs comme la mort. La preuve suprême que le mal sous toutes ses formes ne devrait pas faire partie de notre monde, c'est qu'il a prévu un dénouement de l'histoire où celui-ci disparaîtra, avec tous les dégâts qu'il provoque.

En tant que chrétiens, nous savons que Dieu a résolu le problème de façon très personnelle: par l'intermédiaire de son propre Fils et de sa mort sur la croix. Son implication dans la lutte contre le mal est totale, et il promet qu'un jour, la victoire sera définitive. C'est une perspective particulièrement encourageante et stimulante au quotidien.

Prière Merci, mon Dieu, parce que tu n'es absolument pas indifférent face au mal. Il est rassurant de savoir cela et de savoir que tu as déjà prévu les solutions à ce problème. Je me réjouis du jour où la violence et la souffrance auront totalement disparu, comme tu l'annonces, et je m'en réjouis d'autant plus que tu tiens toujours parole.

21 avril 2020

Incarner la grâce

Jour 37

Et la Parole s'est faite homme, elle a habité parmi nous, pleine de grâce et de vérité, et nous avons contemplé sa gloire, une gloire comme celle du Fils unique venu du Père.
Jean lui a rendu témoignage et s'est écrié: «C'est celui à propos duquel j'ai dit: 'Celui qui vient après moi m'a précédé, car il était avant moi.'»
Nous avons tous reçu de sa plénitude, et grâce sur grâce. En effet, la loi a été donnée à travers Moïse, mais la grâce et la vérité sont venues à travers Jésus-Christ.
Personne n'a jamais vu Dieu; Dieu le Fils unique, qui est dans l'intimité du Père, est celui qui l'a fait connaître.

Jean 1.14-18

La notion de grâce est bien comprise quand on pense à quelqu'un qui est gracié du point de vue judiciaire, mais ce que veut dire vivre la grâce au quotidien est parfois moins bien compris.
L'exemple de Jésus-Christ peut nous aider à saisir cela: la grâce et la vérité lui sont toujours associées, et il a su ainsi démontrer cette grâce à maintes reprises, par exemple lors de l'épisode de la femme adultère (Jean 8.1-11).
Dans cette scène, la réaction – ou plutôt la non-réaction immédiate – de Jésus est incroyable. Elle laisse aux différents acteurs, et en particulier à cette femme, le temps de méditer. Et la grâce a très certainement déjà produit un travail dans son cœur au moment où Jésus la laisse aller. Pour autant, la vérité est présente, en particulier dans le: «Vas-y et désormais ne pèche plus» qu'il lui adresse.
Cette scène et cet exemple m'interpellent par rapport à mes propres réactions lorsque je suis confronté à un péché dans l'Eglise: suis-je capable d'attendre que le

travail de grâce de Dieu s'effectue? de laisser les personnes cheminer? de les accompagner au pied de la croix avec grâce (et en vérité)?
«Je préfère un peu trop de grâce qu'un peu trop de légalisme: cela fait moins de dégâts», avait l'habitude de dire un serviteur de Dieu connu. Que l'exemple de Jésus-Christ, parfait équilibre entre grâce et vérité, nous aide et nous inspire au quotidien!

Prière Seigneur, merci pour la grâce que tu nous as apportée et démontrée. Rends mon cœur toujours plus sensible à cette grâce afin que je la vive, à mon tour, de plus en plus dans mes relations avec les autres.

22 avril 2020

Se réjouir dans l’épreuve?

Jour 38

Mes frères et sœurs, considérez comme un sujet de joie complète les diverses épreuves auxquelles vous pouvez être exposés, sachant que la mise à l’épreuve de votre foi produit la persévérance. Mais il faut que la persévérance accomplisse parfaitement sa tâche afin que vous soyez parfaitement qualifiés, sans défaut, et qu’il ne vous manque rien.

Jacques 1.2-4

En préparant une prédication, j’ai été interpellé par ces versets, car la manière dont Jacques commence son épître est singulière: après les salutations d’usage, il passe directement au vif du sujet et place le lecteur devant des observations fortes. Il l'encourage à voir l'épreuve comme un sujet de joie complète, car celle-ci entretient notre persévérance et nous fait grandir.

S'il est vrai que l'on pourrait lire ou dire cela de manière détachée, il est beaucoup moins facile de le vivre, notamment de prendre conscience que les épreuves peuvent être un sujet de joie, de surcroît de joie complète, pas simplement un sentiment passager ou partiel. Si l'on rapproche ces versets de Romains 8.28[10], l'épreuve fait également partie du «tout» qui contribue au «bien» de ceux qui aiment Dieu, c'est-à-dire la conformité à l'image du Fils de Dieu.

Sans elle, nous avons effectivement parfois du mal à évoluer, et sans elle nous n'apprendrions pas certaines leçons. Si l'épreuve est en soi pénible, elle peut receler une joie quand elle est perçue en lien avec Jésus-Christ. Nous ne sommes pas épargnés en tant que chrétiens. Asaph le

---

[10] «Tout contribue au bien de ceux qui aiment Dieu, de ceux qui sont appelés conformément à son plan.»

faisait remarquer à propos du juste, davantage frappé par les épreuves, selon lui, mais la finalité du juste n'est pas la même: une perspective éternelle l'attend. Lorsque nous regardons l'épreuve à l'aune de celle-ci, elle devient effectivement un sujet de joie «complète».

Prière Seigneur, j'admets ne pas toujours comprendre en quoi l'épreuve peut être un sujet de joie. Néanmoins, dans la perspective de ce que tu as fait pour moi et de la vie avec toi qui m'attend, je reconnais qu'elle prend un autre sens et je peux la voir autrement. Merci parce que tu es et seras avec moi tous les jours, y compris dans les temps d'épreuve. Amen.

23 avril 2020

De toute langue, de tout peuple et de toute nation

Jour 39

Or il y avait en séjour à Jérusalem des Juifs, hommes pieux venus de toutes les nations qui sont sous le ciel. A ce bruit, ils accoururent en foule, et ils furent stupéfaits parce que chacun les entendait parler dans sa propre langue. Ils étaient tous remplis d'étonnement et d'admiration et ils se disaient les uns aux autres: «Ces gens qui parlent ne sont-ils pas tous galiléens? Comment se fait-il donc que nous les entendions chacun dans notre propre langue, notre langue maternelle? (...) Nous les entendons parler dans notre langue des merveilles de Dieu!» Tous remplis d'étonnement et ne sachant que penser, ils se disaient les uns aux autres: «Qu'est-ce que cela veut dire?» Actes 2.5-12

Si nombreuses que puissent être les diverses langues dans le monde, aucune d'entre elles n'est dépourvue de signification. Si donc je ne connais pas le sens d'une langue, je serai un étranger pour celui qui parle, et celui qui parle sera un étranger pour moi.

1 Corinthiens 14.10-11

Ils chantaient un cantique nouveau en disant: «Tu es digne de prendre le livre et d'en ouvrir les sceaux, car tu as été offert en sacrifice et tu as racheté pour Dieu par ton sang des hommes de toute tribu, de toute langue, de tout peuple et de toute nation. Tu as fait d'eux des rois et des prêtres pour notre Dieu, et ils régneront sur la terre.» Apocalypse 5.9-10

A plusieurs reprises, j'ai été interpellé par les textes qui évoquent toutes les langues et nations auxquelles Dieu veut se révéler. Si le nombre total de langues était inconnu au début de notre ère, on estime qu'il en existe 7000 aujourd'hui.

Dans l'épisode du déversement de l'Esprit à la Pentecôte, Dieu aurait pu se faire comprendre à tous en araméen ou en grec, langues les plus courantes dans cette région, comme aujourd'hui l'anglais. Il a cependant choisi de s'adresser à tous ces auditeurs dans leur langue maternelle, par l'intermédiaire de ses disciples.

Aujourd'hui, de nombreuses personnes ne savent pas que le Seigneur peut s'adresser à elles dans leur langue. Elles prient et lisent la Bible dans une langue nationale officielle, et elles ne comprennent pas tout. Ou alors, si c'est le cas, cela ne les touche pas pleinement dans leurs émotions.

Par conséquent, j'aimerais nous inviter à prier pour les 1600 langues et peuples qui n'ont aucun verset biblique traduit. A remercier le Seigneur, également, quand la Bible ou le Nouveau Testament est disponible dans une nouvelle langue: les photos ou vidéos de personnes qui reçoivent la Parole de Dieu et la lisent ainsi pour la première fois dans leur langue sont tout simplement bouleversantes!

Prière Je suis émerveillé(e) par l'universalité de ton amour et la grandeur du salut que tu as préparé pour les êtres humains de toute tribu, de toute langue, de tout peuple et de toute nation. Aujourd'hui, je place devant toi celles et ceux qui n'ont pas encore accès à ta Parole dans leur langue, que ce soit de façon écrite ou orale. Je me réjouis par avance du moment où, dans la langue du ciel, nous chanterons tous ensemble le cantique nouveau célébrant la gloire de l'Agneau de Dieu!

24 avril 2020

Des œuvres bonnes préparées d'avance

Jour 40

Mais Dieu est riche en compassion. A cause du grand amour dont il nous a aimés, nous qui étions morts en raison de nos fautes, il nous a rendus à la vie avec Christ – c'est par grâce que vous êtes sauvés –, il nous a ressuscités et fait asseoir avec lui dans les lieux célestes, en Jésus-Christ.

Il a fait cela afin de montrer dans les temps à venir l'infinie richesse de sa grâce par la bonté qu'il a manifestée envers nous en Jésus-Christ.

En effet, c'est par la grâce que vous êtes sauvés, par le moyen de la foi. Et cela ne vient pas de vous, c'est le don de Dieu. Ce n'est pas par les œuvres, afin que personne ne puisse se vanter. En réalité, c'est lui qui nous a faits; nous avons été créés en Jésus-Christ pour

des œuvres bonnes que Dieu a préparées d'avance afin que nous les pratiquions.

Ephésiens 2.4-10

Ce texte m'interpelle par la notion de grâce, mentionnée à plusieurs reprises. Mais qu'est-ce que la grâce exactement? Elle peut décrire un don gratuit, une faveur imméritée, mais également quelque chose de beau, de gracieux. Dans ce contexte, la grâce, avec le salut qui lui est associé, est quelque chose que l'on reçoit de manière imméritée.

Or, nous oublions vite que tout est grâce, car nous sommes humains: il est alors utile de nous rappeler que ce n'est pas parce que nous avons fait de belles œuvres que nous serons plus aimés de Dieu pour autant.

J'aime cet équilibre et ce contraste entre les versets 9 et 10: nos œuvres ne valent rien, en réalité, si elles ne sont pas préparées par Dieu. En pratique, il n'est pas toujours évident de savoir ce que le Seigneur a prévu pour nous, mais il sera utile de conserver ce cap afin de ne pas nous perdre.

Plus tôt dans ma vie chrétienne, je me suis quelque peu dispersé dans divers engagements (pasteur dans une Eglise pionnière, responsable de camps d'été, activement impliqué dans le cadre d'un institut biblique). Cependant, un jour, nous prenons conscience que la multiplicité des engagements peut, en fait, correspondre à un moyen, pour nous, d'obtenir la reconnaissance et l'estime d'autrui. Nous nous «réveillons» en nous demandant si c'est ce que Dieu veut, si c'est vraiment cela, la vie chrétienne.

Personnellement, je ne cherchais pas particulièrement à entrer dans ce que le Seigneur attendait de moi. Ce texte de la lettre aux Ephésiens nous aide, dans un tel cas, à ne pas passer à côté de notre vie chrétienne. Dieu veut nous engager par ses moyens afin que nous restions humbles et dépendants de lui, et que nous le recherchions premièrement, lui, la source de notre joie, de notre foi et de nos actions.

Prière Père, je tombe si souvent dans l'illusion de devoir faire quelque chose pour être accepté(e) ou plus aimé(e) par toi, ou tout simplement pour être un(e) «bon(e) chrétien(ne)». Merci pour ta grâce et merci parce que tu as préparé des bonnes œuvres qui, elles, t'honorent.

25 avril 2020 ■

Un ascenseur émotionnel

Jour 41

Ceux qui étaient partis en mer sur leur bateau
et travaillaient sur les grandes eaux,
Ceux-là ont vu la façon d'agir de l'Eternel
et ses merveilles en haute mer.
D'un mot, il a fait souffler un vent de tempête
qui a soulevé les vagues de la mer.
Ils montaient vers le ciel, ils descendaient dans l'abîme,
ils étaient angoissés face au danger;
saisis de vertige, ils titubaient comme un homme ivre,
et toute leur habileté était réduite à néant.
Dans leur détresse, ils ont crié à l'Eternel,
et il les a délivrés de leurs angoisses:
Il a arrêté la tempête, ramené le calme,
et les vagues se sont calmées.
Ils se sont réjouis de ce qu'elles s'étaient apaisées,

et l'Eternel les a conduits au port désiré.
Qu'ils louent l'Eternel pour sa bonté
et pour ses merveilles en faveur des hommes!

Psaume 107.23-31

Les hauts et bas traversés ces dernières semaines m'ont fait penser à ce psaume. Les marins confrontés à des éléments déchaînés éprouvent plusieurs sentiments. Tout d'abord, il y a l'ascenseur émotionnel, puisqu'ils passent du ciel à l'abîme. Ils expérimentent ensuite une perte de repères et de contrôle, avec l'impression de tituber comme des hommes ivres. Leur habileté professionnelle, leur expérience, tout ce sur quoi ils s'appuyaient d'habitude se dérobe complètement face à la tempête.

Or, ce ne sont pas des choses anodines qui sont en jeu: c'est leur bateau, leur gagne-pain, leur entreprise, souvent transmise de père en fils. Le même risque peut menacer notre vocation, notre service, notre mission, surtout dans des temps incertains.

J'admire ce que l'Eternel va produire pour ces marins, comme pour celles et ceux qui connaissent des tempêtes: le calme et la joie remplacent l'ascenseur émotionnel, ces hauts et bas qui brisent. Il les conduit au port qu'ils désiraient: il indique à la fois le but et les y conduit. Cette délivrance, ce but atteint répond à la perte de repères et de contrôle. Dieu est le GPS suprême: il a tous les repères, il voit toutes les circonstances, les tenants et les aboutissants d'une situation, son début et sa fin, et il n'est jamais pris au dépourvu.
Cet épisode nous fait réfléchir sur nos certitudes: les marins louent le Seigneur pour sa bonté envers les fils des hommes. Ils ne se réjouissent pas de leur grande habileté, mais ils ont pris conscience que celle-ci leur faisait défaut, et ils célèbrent leur Sauveur, leur rocher sûr: l'Eternel.

Prière Nous nous retrouvons dans une certaine mesure, après ces quelques semaines, dans la situation des marins sans repères ni contrôle. Nous reconnaissons avoir eu tendance à nous appuyer sur des éléments qui se dérobent, qu'il s'agisse de nos finances ou de notre santé. Nous reconnaissons en toi celui qui connaît tout, le Tout-Puissant, celui qui nous conduira au port désiré. Merci pour ta délivrance et ta bonté, renouvelées au fil des âges à celles et ceux qui traversent des tempêtes. Amen.

26 avril 2020 ■

Changeons-nous au contact de Jésus?

Jour 42

En passant sur l'autre rive, les disciples avaient oublié de prendre des pains. Jésus leur dit: «Attention, méfiez-vous du levain des pharisiens et des sadducéens.»
Les disciples raisonnaient en eux-mêmes et disaient: «C'est parce que nous n'avons pas pris de pains.»
Jésus, le sachant, leur dit: «Hommes de peu de foi, pourquoi raisonnez-vous en vous-mêmes sur le fait que vous n'avez pas pris de pains? Ne comprenez-vous pas encore et ne vous rappelez-vous plus les cinq pains des 5000 hommes et combien de paniers vous avez emportés, ni les sept pains des 4000 hommes et combien de corbeilles vous avez emportées? Comment ne comprenez-vous pas que ce n'est pas de pains que je vous ai

parlé? Méfiez-vous du levain des pharisiens et des sadducéens.»
Alors ils comprirent que ce n'était pas du levain du pain qu'il leur avait dit de se méfier, mais de l'enseignement des pharisiens et des sadducéens. Matthieu 16.5-12

J'aime beaucoup ce petit récit auquel on ne prête souvent guère attention, car il est intercalé entre deux textes plus connus: la multiplication des pains pour 4000 hommes et le moment où Jésus va demander à ses disciples qui il est vraiment.
Cet épisode est intéressant à plusieurs titres: par rapport au langage employé par Jésus, à la perception qu'ont les disciples de la situation et à leur capacité de se laisser transformer – ou non – au contact de leur maître.
Le langage figuratif employé par Jésus entraîne un quiproquo assez savoureux, en raison du sous-entendu qu'ils croient percevoir derrière ses paroles. S'il s'adresse en

paraboles aux foules ou en langage imagé ici, c'est généralement pour amener ses interlocuteurs à dépasser leurs schémas habituels.

Ici, le Seigneur cherche également à questionner les disciples à propos de leur représentation du monde et de la capacité que celle-ci a d'évoluer à travers les expériences qu'ils font avec lui. En effet, après la multiplication des pains, ils auraient dû assimiler que se procurer à manger n'était pas un problème majeur, du moment qu'il était avec eux.

Cela nous interpelle quant à notre propre capacité de changer notre manière de penser, suite aux expériences faites avec Dieu. Cela nous interroge encore quant à la perception que nous avons de lui: dans la suite du récit, les disciples reconnaissent très volontiers la messianité de Jésus, mais ils n'acceptent pas que le Christ soit rejeté, souffre et soit crucifié. Il leur faudra le discours de la chambre haute, la mort et la résurrection de leur maître pour enfin saisir tout cela.

Prière Merci, Seigneur, pour ta patience envers nous et la pédagogie dont tu fais preuve en vue de nous faire évoluer. Merci également pour l'ensemble des Ecritures qui te révèlent. Aide-nous à toujours plus te connaître «comme il le faudrait»[11]. Amen.

27 avril 2020 ■

[11] «Si quelqu'un croit savoir quelque chose, il ne connaît encore rien comme il faudrait connaître» (1 Corinthiens 8.2).

Lumière et obscurité

Jour 43

Ta parole est une lampe à mes pieds et une lumière sur mon sentier. Psaume 119.105

Nous marchons par la foi et non par la vue.
2 Corinthiens 5.7

Même si beaucoup connaissent le verset 105 du Psaume 119 par cœur, j'aimerais réfléchir rapidement à son sujet avec vous. De nos jours, les villes et leurs banlieues sont très bien éclairées. Cependant, dès que nous sortons un peu de ces espaces à forte concentration de population, nous constatons que de nombreux territoires ne bénéficient pas de la même lumière. C'est un peu l'image de notre monde, encore sous l'égide du prince des ténèbres, attendant que tout soit soumis à Jésus-Christ. Ainsi, de même que nous avons besoin de l'éclairage de nos véhicules pour circuler dans les zones obscures, l'éclairage de la parole de Dieu nous est indispensable pour nous diriger dans notre vie quotidienne.

En pratique, avez-vous fait l'expérience de mettre une lampe à vos pieds? Vous ne voyez alors qu'à quelques mètres devant vous. C'est une belle illustration du fait que le Seigneur ne nous demande pas de tout connaître à l'avance mais de marcher avec lui par la foi, jour après jour, dans une totale dépendance. Certes, il a un plan parfait conçu de toute éternité, il peut nous en révéler certaines étapes, nous connaissons également notre destination finale, mais comment notre foi pourrait-elle être exercée, si nous savions tout à l'avance?

Ainsi, lorsque j'ai décidé de quitter mon emploi précédent pour rejoindre La Maison de la Bible, je ne savais ce que je ferais précisément ni où j'irais. Cependant, je savais une chose: le Seigneur me guiderait au bon endroit!

La lumière sur le sentier me rappelle un tout petit village où, enfant, j'allais en vacances: entre deux éclairages publics très éloignés les uns des autres, il faisait nuit noire, mais j'avais en point de mire le lampadaire suivant pour avancer.
Jésus-Christ est notre objectif journalier, celui qui a justement fait naître cette foi et la mène jour après jour à la perfection, en nous apprenant à dépendre de lui pour chaque étape, en attendant le grand jour où nous le verrons face à face!

Prière Seigneur, je reconnais être tenté(e) de tout savoir à l'avance, avec l'illusion que je pourrais mieux réagir face à ce qui m'attend. Merci parce que tu permets que je marche un jour après l'autre pour me confier en toi. Je te demande de faire grandir la foi que tu as fait naître un jour en moi. Amen.

28 avril 2020

Quitter et aller, descendre et remonter

Jour 44

L'Eternel dit à Abram: «Quitte ton pays, ta patrie et ta famille et va dans le pays que je te montrerai. Je ferai de toi une grande nation, je te bénirai, je rendrai ton nom grand et tu seras une source de bénédiction. (...) Toutes les familles de la terre seront bénies en toi.»
(...)
Il y eut une famine dans le pays et Abram descendit en Egypte pour y séjourner, car la famine pesait lourdement sur le pays. Comme il était sur le point d'entrer en Egypte, il dit à sa femme Saraï: «(...) Présente-toi donc comme ma sœur afin que je sois bien traité à cause de toi et que je reste en vie grâce à toi.» Alors le pharaon appela Abram et dit: «Qu'est-ce que tu m'as fait? Pourquoi ne

m'as-tu pas informé que c'est ta femme? (...) Prends-la et va-t'en!»
Abram remonta d'Egypte vers le Néguev avec sa femme et tout ce qui lui appartenait. (...) Il se rendit par étapes du Néguev jusqu'à Béthel, jusqu'à l'endroit où était sa tente au début, entre Béthel et Aï, là où se trouvait l'autel qu'il avait fait la première fois. Là, Abram fit appel au nom de l'Eternel.

Genèse 12.1–13.4

L'appel d'Abram clôt la vue très générale présente dans les chapitres 1 à 11 de la Genèse, qui relatent trois jugements sur l'humanité (celle-ci est chassée du jardin d'Eden, détruite par le déluge, divisée par les langues): elle semble alors très loin de Dieu. Cependant, la deuxième partie du livre, par l'intermédiaire de la vie d'Abraham et de sa descendance, décrit en détail le plan de salut de Dieu pour l'humanité, cette «postérité de la femme» qui écrasera la tête du serpent.

L'appel adressé par Dieu à Abram est large: non seulement il est pour sa famille et pour lui, mais il s'étend à la nation d'Israël et aux familles de la terre. Cependant, sa réalisation passe, pour lui, par les petits mots «va» et «quitte». Ceux-ci retentissent comme un appel à la confiance, à faire un pas de plus: «Quitte ton pays, tes origines, les tiens et va dans une terre inconnue, en voyageur» (sa seule possession sera une concession funéraire pour Sara et un puits).
Ce n'est pas parce qu'il est choisi par Dieu et lui a obéi que sa condition présente va devenir meilleure: après avoir quitté une région située au nord du Croissant fertile, il connaît la famine des régions semi-désertiques du Néguev. C'est vrai également pour nous: si je vis avec le Seigneur et réponds à son appel, je peux m'imaginer que je pourrai échapper à tous les problèmes. Ce n'est cependant pas ainsi qu'il opère: les circonstances difficiles sont, au contraire, une étape qu'il juge utile pour l'apprentissage de la foi.

La solution naturelle qui se présente à Abram consiste à descendre en Egypte, terre fertile et grenier à blé. Elle est tellement évidente qu'il ne pense pas à consulter Dieu, pas plus qu'il n'y pensera pour les questions qui vont se présenter à lui en cours de route. Par le biais d'une demi-vérité, il cherche à protéger sa vie et son honneur aux dépens de Saraï. La situation se détériore rapidement, et il ne peut pas empêcher que sa femme soit conduite au harem du pharaon. Seul dans sa tente, il doit se poser des questions: il a perdu son épouse et a compromis le plan de Dieu lié à sa descendance.

L'Eternel ne les oublie pas, et il intervient pour protéger Saraï et ramener Abram. Des plaies frappent la maison du pharaon, qui le convoque. Son «Qu'est-ce que tu m'as fait?» rappelle les questions de l'Eternel à Adam et Eve dans le jardin d'Eden (Genèse 3.9-13).

La remontée au Néguev démontre et illustre la repentance d'Abram: par la direction inverse prise, par l'attitude du patriarche,

qui reconnaît pleinement sa faute et revient à l'autel, étape nécessaire pour retrouver la présence divine.
Dieu est ainsi le maître de l'histoire, même si ses promesses rencontrent des obstacles nombreux, susceptibles d'entraver leur accomplissement. Si le récit ne cache pas les faux pas d'Abram, c'est pour nous instruire et nous montrer la tension qui règne entre la volonté de Dieu dans son aspect providentiel et la liberté de l'homme dans son aspect récalcitrant[12].

Prière Merci Seigneur pour le portrait si réaliste d'Abram qui me touche. Merci pour ta grâce et ta souveraineté qui dépassent nos mauvais choix. Merci aussi pour l'exemple de foi et d'obéissance qu'est Abram, dans ces «quitte» et «va», et de repentance dans cette «remontée». Amen.

29 avril 2020

12 Analyse de Robert Alter dans *L'art du récit biblique*, Lessius, 1999, p. 50.

Regarde et compte les étoiles, si tu peux les compter

Jour 45

Après ces événements, la parole de l'Eternel fut adressée à Abram dans une vision. Il dit: «Abram, n'aie pas peur! Je suis ton bouclier et ta récompense sera très grande.»
Abram répondit: «Seigneur Eternel, que me donneras-tu? Je m'en vais sans enfants et l'héritier de mes biens, c'est Eliézer de Damas.» Abram dit: «Tu ne m'as pas donné de descendance, et c'est un serviteur de ma famille qui sera mon héritier.»
Alors l'Eternel lui adressa la parole: «Ce n'est pas lui qui sera ton héritier, mais bien celui qui naîtra de toi.» Après l'avoir conduit dehors, il dit: «Regarde vers le ciel et compte les étoiles, si tu peux les compter.» Il lui affirma: «Telle sera ta descendance.»

Abram eut confiance en l'Eternel, qui le lui compta comme justice.

Genèse 15.1-6

Abram a remporté une victoire sur une coalition de rois et redoute peut-être que ceux-ci ne reviennent l'année suivante, au printemps, saison propice aux attaques guerrières. L'Eternel le rassure: «Je suis ton bouclier.» Il ajoute: «Ta récompense[13] sera très grande.» Or, la libération des habitants de la plaine a coûté cher au patriarche: il n'a pas accepté de dédommagement et a même donné la dîme de ses biens à Melchisédek. L'Eternel lui promet une richesse bien supérieure au butin qu'il aurait pu ramener.
L'espérance d'avoir un enfant tarde à se réaliser. Abram ne voit pas d'autre solution que celle qui consiste à adopter son serviteur Eliézer de Damas. L'Eternel le

[13] Le mot «récompense» désigne souvent le salaire du soldat prélevé sur le butin de la bataille (Ezéchiel 29. 19).

mène alors en dehors de sa tente pour le faire changer de perspective, comme pour lui dire: «Comprends-tu, Abram, qui est devant toi? Je suis le créateur de toutes choses. Même si tu ne sais pas compter les étoiles, moi, je le peux, et je les appelle chacune par leur nom. C'est moi qui te renouvelle cette promesse».

En réponse, «Abram eut confiance en l'Eternel, qui le lui compta comme justice.» C'est la première mention de l'expression «avoir confiance» (ou «croire») dans la Bible, et le seul passage de l'Ancien Testament où la foi soit comptée comme justice. La forme verbale indique une action continue: la véritable foi n'est pas éphémère; elle s'inscrit dans la durée et ne se limite pas à l'émotion d'un moment.

Ce petit verset de Genèse 15.6 peut paraître anodin; il est cependant capital. Il est le «point focal» de la foi d'Abram, le fondement de la doctrine de la justification exposée en Romains 4 et en Galates 3.

Par anticipation, parce qu'Abram a cru, Dieu le déclare juste «par le moyen de la libération qui se trouve en Jésus-Christ» (Romains 3.24).

Sortons également de notre monde, de nos pensées, de notre «tente», afin de changer de perspective et de «regarder les étoiles»: nous trouver face à la majesté et à la souveraineté du Dieu qui ne peut mentir, pour lui faire totalement confiance.

Prière Père, tu es ma richesse, mon bouclier et ma récompense. Si je suis incapable de compter les étoiles, c'est pour mieux prendre conscience de ton immensité et de ta souveraineté. A l'exemple d'Abraham, je désire croire ta parole et te faire confiance, et j'aimerais que ma foi grandisse jour après jour. Amen.

30 avril 2020

Abraham, ami de Dieu

Jour 46

Alors l'Eternel dit: «Cacherai-je à Abraham ce que je vais faire? Abraham deviendra une nation grande et puissante, et toutes les nations de la terre seront bénies en lui. En effet, je l'ai choisi afin qu'il ordonne à ses fils et à sa famille après lui de garder la voie de l'Eternel en pratiquant la droiture et la justice. Ainsi l'Eternel accomplira en faveur d'Abraham les promesses qu'il lui a faites.»

Genèse 18.17-19

«On ne nous dit pas tout!» Peut-être avez-vous songé à cette phrase, un jour, alors que vous vous sentiez mis(e) à l'écart, privé(e) d'une information capitale et quelque peu délaissé(e).
Dieu ne procède pas ainsi avec le patriarche. Le ton est à la confidence: «Cacherai-je à Abraham ce que je vais faire?» Plusieurs fois, il est dit que cet homme était l'ami de Dieu[14], et il est le seul à porter un tel titre dans tout l'Ancien Testament (même s'il est précisé en Exode 33.11 que l'Eternel parlait à Moïse comme un homme à son ami).
Le Seigneur a connu et choisi Abraham afin que ce dernier donne une expression concrète à son propre amour et à sa propre justice dans sa famille et dans la société humaine. Une telle chose n'est possible qu'en raison de l'existence de cette relation intime entre eux. Elle permet au patriarche d'intercéder ensuite pour Sodome et Gomorrhe, dans un des dialogues les plus stupéfiants de la Bible[15].

[14] Esaïe 41.8; Jacques 2.23.
[15] Genèse 18.20-33.

Son statut d'ami n'empêchera pas Abraham de devoir affronter différents tests, le plus grand consistant à offrir sur l'autel son fils Isaac, celui qui incarne toutes les promesses de Dieu[16]. Un épisode étonnant qui nous montre que notre appel, notre ministère et les dons que le Seigneur nous a accordés peuvent également devoir être sacrifiés.

Ce que Dieu recherche, ce n'est pas ce que nous réalisons pour lui mais une relation intime avec lui. Peut-il nous appeler ses «amis»?

Tel est le défi lancé alors que les circonstances extérieures sont chargées d'incertitudes, tout comme à l'époque où Abiathar s'est réfugié auprès de David après le massacre des prêtres ordonné par Saül. A l'instar de David alors, Dieu nous dit: «Près de moi tu seras en sécurité.»[17] Il va nous révéler pour aujourd'hui ce dont nous avons besoin afin de marcher avec lui comme un homme marche avec son ami.

---

[16] Genèse 22.

[17] 1 Samuel 22.20-23.

Prière Eternel, j'admire la relation de grande proximité que tu entretenais avec Abraham. Merci parce que tu désires une telle relation avec chacun, avant même tout ce que nous pourrions accomplir pour toi.

1er mai 2020

Le Dieu de grâce face à la méchanceté de l'homme

Jour 47

Caïn fit une offrande des produits de la terre à l'Eternel. De son côté, Abel en fit une des premiers-nés de son troupeau et de leur graisse. L'Eternel porta un regard favorable sur Abel et sur son offrande, mais pas sur Caïn et sur son offrande. Caïn fut très irrité et il arbora un air sombre.

L'Eternel dit à Caïn: «Pourquoi es-tu irrité et pourquoi arbores-tu un air sombre? Certainement, si tu agis bien, tu te relèveras. Si en revanche tu agis mal, le péché est couché à la porte et ses désirs se portent vers toi, mais c'est à toi de dominer sur lui.»

Cependant, Caïn dit à son frère Abel: «Allons dans les champs» et, alors qu'ils étaient dans les champs, il se jeta sur lui et le tua. (…)

L'Eternel mit un signe sur Caïn afin que ceux qui le trouveraient ne le tuent pas. (...)
Adam eut encore des relations conjugales avec sa femme. Elle mit au monde un fils et l'appela Seth, car, dit-elle, «Dieu m'a donné un autre fils pour remplacer Abel que Caïn a tué.»
Seth eut lui aussi un fils, et il l'appela Enosh. C'est alors que l'on commença à faire appel au nom de l'Eternel.

Genèse 4.3-26

Pendant ce temps de restrictions, je relis comme beaucoup d'autres *La peste*, d'Albert Camus. La question du combat face au mal absolu, face à l'injustice, et les diverses réactions de la nature humaine y sont analysées avec beaucoup d'acuité et de lucidité.
Ces questions surgissent également très tôt dans le livre de la Genèse, et plus particulièrement dans cet épisode. La rupture avec Dieu (dimension verticale) entraîne une

rupture et un dysfonctionnement dans les relations entre êtres humains (dimension horizontale).
L'histoire de Caïn et Abel nous interpelle sur ce que nous offrons à Dieu et sur la manière dont nous réagissons après une erreur. Elle donne aussi, face à la question du mal qui imprègne la société humaine, une espérance fondée sur la grâce de Dieu.
Le récit des offrandes nous apprend premièrement que Dieu n'est pas lié par elles. Il accepte l'offrande d'Abel par rapport à ses motivations intérieures[18], qui se traduisent extérieurement par le don de ce qu'il avait de meilleur: les premiers-nés du troupeau et leur graisse. En parallèle, l'offrande de Caïn n'est pas acceptée, peut-être parce qu'elle est quelconque. En tout cas, elle n'est pas décrite comme la meilleure qu'il avait la possibilité de présenter. Les secrets de notre cœur se traduisent par la qualité de nos offrandes: est-ce le meilleur ou l'ordinaire que nous réservons à Dieu?

[18] Si l'on s'appuie sur le fait que la lettre aux Hébreux souligne la foi d'Abel (Hébreux 11.4).

Après son erreur, Dieu donne une chance à Caïn. On peut traduire ses propos: «Pourquoi ton visage est-il tombé? (...) Si tu agis bien, tu relèveras le visage» (pour ainsi dire vers moi, semble-t-il dire). Au contraire, Caïn laisse le péché se développer dans ses pensées, à tel point qu'il se concrétise par le meurtre d'Abel. La dissymétrie entre le meurtre et son motif nous montre jusqu'où l'homme peut s'enferrer quand le contact est coupé avec Dieu. Cela nous interpelle sur notre manière de réagir après une erreur: relevons-nous le visage vers le Seigneur?

Face au mal qui se déploie dans cette civilisation, Dieu montre concrètement sa grâce: envers Adam et Eve en les revêtant d'habits, envers l'humanité en ne coupant pas l'arbre de vie, qui nous attend dans son paradis. Il promet à Eve que sa descendance écrasera le serpent. Il entame un dialogue avec Caïn pour lui donner une chance de bien faire. En Dieu de grâce, face à son attitude effrontée («Suis-je le gardien de mon frère», v. 9), il met sur lui un signe destiné à préserver sa vie. Il va donner un autre fils à Adam et Eve, maillon d'une généalogie qui passe par Noé et Abraham pour arriver à Jésus-Christ. Il donne enfin la prière à l'humanité chassée du jardin.

Comment vivre dans une civilisation marquée par le mal? En acceptant la grâce de Dieu pour être transformés et en faisant appel au nom de l'Eternel.

Prière Merci, Père, pour ta grâce prévenante, déployée face à l'humanité en dérive. Merci pour la prière, fil d'or qui nous permet de nous relier à toi, de recevoir ta grâce et d'être transformés. Qu'en retour je puisse te présenter le meilleur de ce que tu m'as déjà donné. Amen.

2 mai 2020

L'Eternel accomplit ce que nous faisons

Jour 48

A celui qui est ferme dans ses intentions
tu assures une paix profonde
parce qu'il se confie en toi.
(...)
Eternel, tu nous assures la paix puisque tout ce que nous faisons, c'est toi qui l'accomplis pour nous.

Esaïe 26.3-12

Ce verset m'a encouragé au milieu de toutes les tâches que j'avais à accomplir. Nous nous laissons parfois dominer par nos occupations, on parle familièrement d'avoir le «nez dans le guidon», pour décrire ce genre de situation.

Lorsque nous prenons du recul, nous prenons conscience que Dieu détient la responsabilité finale de son œuvre, et le fait de nous confier en lui pour qu'il mène tout à bonne fin nous apporte la paix.

Pour mieux illustrer tout cela, je vous propose l'image du jardinage: quand nous nous livrons à cette activité, nous préparons le sol, mettons de l'engrais, semons, taillons peut-être les arbres, etc. Cependant, il y a une chose que nous ne sommes pas en mesure de réaliser: faire éclore la graine et pousser les plantes. Dieu seul peut accomplir cela, avec le bagage génétique contenu dans les semences.

Si un certain savoir-faire relatif au moment et à la manière de semer, d'arroser ou de récolter est requis dans le cadre du jardinage, il en va de même dans notre travail. Dieu accomplit et mène à bonne fin ce que nous faisons, et il nous donnera les compétences et la sagesse nécessaires.

Ces promesses et cette perspective nous retirent toute culpabilité ou pression, et elles nous conduisent à la dépendance et à la reconnaissance envers lui, car c'est lui qui accomplit la mission qu'il nous a confiée. «Donne-moi ce que tu ordonnes et ordonne ce que tu veux», priait Augustin[19].

Prière Père, je reconnais que je me laisse parfois aller à l'inquiétude ou suis préoccupé(e), avec le sentiment de ne pas être à la hauteur de mes tâches. Merci parce que tu les prends en charge et les accomplis. Merci pour la paix que cela me procure. Je me confie en toi pour cette journée. Amen.

3 mai 2020

[19] *Confessions* 10.29.40.

Une pêche miraculeuse

Jour 49

Après cela, Jésus se montra encore aux disciples sur les rives du lac de Tibériade. Voici de quelle manière il se montra.
Simon Pierre, Thomas, appelé Didyme, Nathanaël, qui venait de Cana en Galilée, les fils de Zébédée et deux autres disciples de Jésus se trouvaient ensemble. Simon Pierre leur dit: «Je vais pêcher.»
Ils lui dirent: «Nous allons aussi avec toi.»
Ils sortirent et montèrent aussitôt dans une barque, mais cette nuit-là ils ne prirent rien.
Le matin venu, Jésus se trouva sur le rivage, mais les disciples ne savaient pas que c'était lui. Il leur dit: «Les enfants, n'avez-vous rien à manger?»
Ils lui répondirent: «Non.»

Il leur dit: «Jetez le filet du côté droit de la barque et vous trouverez.»
Ils le jetèrent donc et ils ne parvinrent plus à le retirer, tant il y avait de poissons. Alors le disciple que Jésus aimait dit à Pierre: «C'est le Seigneur!»
(...)
Lorsqu'ils furent descendus à terre, ils virent là un feu de braises avec du poisson dessus et du pain. Jésus leur dit: «Apportez quelques-uns des poissons que vous venez de prendre.»
Simon Pierre monta dans la barque et tira le filet plein de 153 gros poissons à terre; malgré leur grand nombre, le filet ne se déchira pas.
(...)
Jésus s'approcha, prit le pain et leur en donna; il fit de même avec le poisson.
C'était déjà la troisième fois que Jésus se montrait à ses disciples depuis qu'il était ressuscité.

Jean 21.1-14

Sept disciples, y compris Thomas, celui qui avait douté, attendent Jésus au lieu où il leur avait donné rendez-vous (Matthieu 26.32), lieu confirmé par les anges après sa résurrection (Matthieu 28.7).

Bien que plusieurs d'entre eux soient des pêcheurs aguerris, la pêche s'avère infructueuse.

Sans doute perplexes devant ce piètre résultat, ils ne remarquent pas un homme qui les observe du rivage.

Le filet aussitôt rempli dès lors qu'ils ont suivi son conseil leur dévoile son identité: ne s'était-il pas révélé à eux de cette manière, trois ans auparavant[20]?

«C'est le Seigneur», signale Jean à Pierre. Pêcher avec le Seigneur, jeter le filet du bon côté de la barque, cela change tout! C'est une illustration directe de l'affirmation: «Sans moi vous ne pouvez rien faire», entendue dans la chambre haute (Jean 15.5).

Pour Pierre, appelé à devenir pêcheur d'hommes, pour les autres disciples et, par

---

[20] Luc 5.1-11.

extension, pour nous, cet épisode propose une séquence afin que la pêche soit fructueuse: reconnaître notre dénuement personnel (v. 5), obéir à la parole du Christ ressuscité (v. 6), le reconnaître dans la bénédiction accordée (v. 7).

Le repas qui suit démontre à la fois la souveraineté et la pédagogie de Jésus: même s'il n'a pas eu besoin de ses disciples pour trouver de la nourriture, il les invite à ajouter quelques poissons de leur pêche au pain et au poisson qu'il a déjà disposés sur le feu, comme pour leur rappeler qu'il est le Seigneur et les invite à amener leur contribution, résultat d'un miracle divin.

Simon Pierre arrive, lui, à tirer seul le filet rempli de la pêche surabondante, certainement car il se trouve alors dans les plans de Dieu.

Dans les temps difficiles, nous pourrions nous sentir désemparés et impuissants. Ce récit nous rappelle ce que le Christ ressuscité peut accomplir à travers ses disciples, lorsqu'ils obéissent à ses instructions et se trouvent là où il les veut!

Prière Merci, Seigneur, pour la puissance et la prévenance avec lesquelles tu te révèles aux disciples dans ce récit. Je désire demeurer dans ta main, où tu me veux, et obéir à ta parole pour te voir accomplir des miracles, et également être avec toi, comme les disciples au cours de ce repas. Amen.

4 mai 2020

Ayez confiance en votre Dieu, et vous serez affermis

Jour 50

On vint annoncer à Josaphat: «Une foule nombreuse s'avance contre toi depuis l'autre côté de la mer, depuis la Syrie, et ils sont déjà à Hatsatson-Thamar, c'est-à-dire En-Guédi.»
Josaphat eut peur et décida de chercher l'Eternel.
(...)
Jachaziel dit: «Soyez attentifs, vous tous, Judéens et habitants de Jérusalem, et toi, roi Josaphat! Voici ce que vous dit l'Eternel: 'N'ayez pas peur et ne vous laissez pas effrayer devant cette foule nombreuse, car ce ne sera pas vous qui combattrez, ce sera Dieu.'»
(...)

Josaphat se tint debout et dit: «Ecoutez-moi, Judéens et habitants de Jérusalem! Ayez confiance en l'Eternel, votre Dieu, et vous serez affermis. Ayez confiance en ses prophètes et vous réussirez.»

2 Chroniques 20.2-20

Trois armées nombreuses marchent contre Josaphat. La situation est suffisamment grave pour qu'il prenne peur et recherche l'Eternel. Suite à la réponse divine transmise par Jachaziel, il encourage le peuple à avoir confiance en son Dieu afin d'«être affermi», expression qui peut également être traduite par: «Votre confiance sera récompensée.»

Lorsque nous nous sentons dépassés, nous commettons tout naturellement l'erreur de nous focaliser sur notre problème, au lieu de lever nos yeux vers le Seigneur. Souvent, lorsqu'on nous demande comment nous allons, nous mentionnons nos circonstances. Et pourquoi ne pas lever la tête au-dessus de celles-ci?

Quelqu'un a dit: «Les circonstances ressemblent au matelas de notre lit. Si nous nous allongeons dessus, nous trouvons le repos. Si elles nous dominent, nous risquons de suffoquer».

Sur quoi portons-nous donc nos regards? Si nous sommes découragés, cela découle probablement du fait que nous ne nous focalisons pas sur Dieu. Tournons-nous d'abord vers lui pour lui parler de notre problème, et c'est lui qui combattra à notre place.

Que sommes-nous supposés faire, lorsque nous faisons face à une situation telle que celle-ci? Nous ne savons pas aujourd'hui de quoi sera fait l'avenir, comment notre activité reprendra ni de quelle manière se poursuivra notre vocation.

Le mot d'ordre pourrait être résumé par «tenir ferme». Tenir ferme, c'est prendre position aux côtés de Dieu et le regarder à l'œuvre. C'est à la fois sa personne et son œuvre qui nous affermiront et nous permettront d'avancer.

Prière Père, merci de ce que tu interviens face aux nombreuses oppositions ou incertitudes qui se dressent devant nous. Nous désirons te faire confiance et prendre position à côté de toi pour être affermis et contempler ta personne et ton œuvre. Amen.

5 mai 2020

Le quatrième homme dans la fournaise

Jour 51

Nebucadnetsar prit la parole et leur dit: «Est-il vrai, Shadrak, Méshak et Abed-Nego, que vous ne servez pas mes dieux et que vous n'adorez pas la statue en or que j'ai dressée? Maintenant, tenez-vous prêts et, au moment où vous entendrez le son de la trompette, de la flûte, de la guitare, de la petite et de la grande harpes, de la cornemuse et des instruments de toute sorte, vous vous prosternerez et vous adorerez la statue que j'ai faite. Si vous ne l'adorez pas, vous serez immédiatement jetés au milieu d'une fournaise ardente. Quel est le dieu qui pourra alors vous délivrer de mon pouvoir?»
Shadrak, Méshak et Abed-Nego répliquèrent au roi Nebucadnetsar: «Nous n'avons pas besoin de te répondre là-dessus. Notre Dieu, celui que nous servons, peut nous délivrer

de la fournaise ardente, et il nous délivrera de ton pouvoir, roi. Et même s'il ne le faisait pas, sache, roi, que nous ne servirons pas tes dieux et que nous n'adorerons pas la statue en or que tu as dressée.»
Nebucadnetsar fut alors rempli de colère. (...) Reprenant la parole, il ordonna de chauffer la fournaise sept fois plus que d'habitude. (...) Quant aux trois hommes en question, Shadrak, Méshak et Abed-Nego, ils tombèrent ligotés au milieu de la fournaise ardente.
Le roi Nebucadnetsar fut alors effrayé et se leva subitement. Il prit la parole et dit à ses conseillers: «(...) J'aperçois quatre hommes dépourvus de liens qui marchent au milieu du feu, porteurs d'aucune blessure, et le quatrième ressemble à un fils des dieux.»
Nebucadnetsar s'approcha ensuite de l'entrée de la fournaise ardente et dit: «Shadrak, Méshak et Abed-Nego, serviteurs du Dieu très-haut, sortez et venez!» (...)
Ils virent que le feu n'avait eu aucun pouvoir sur le corps de ces hommes, que les cheveux de leur tête n'avaient pas brûlé, que leurs

habits n'étaient pas abîmés et qu'ils ne sentaient même pas le feu.
Nebucadnetsar prit la parole et dit: «Béni soit le Dieu de Shadrak, de Méshak et d'Abed-Nego! Il a envoyé son ange et a délivré ses serviteurs qui ont placé leur confiance en lui. (...) Il n'y a aucun autre dieu capable de délivrer comme lui.» **Daniel 3.14-29**

Cet épisode est bien connu et a été très commenté. Je vous propose d'en relever deux traits généraux, avant de souligner un aspect qui me touche plus particulièrement.

Premièrement, après le chapitre 2 où il reconnaît l'omniscience de Dieu, Nebucadnetsar confesse ici que l'Eternel peut délivrer comme aucun autre, avant d'admettre que sa domination est éternelle au chapitre 4. Ces épisodes vont l'amener à connaître de mieux en mieux et reconnaître de plus en plus le Dieu que les jeunes déportés juifs servent.

Deuxièmement, l'Eternel accomplit des choses extraordinaires dans la vie de gens ordinaires: des déportés parmi d'autres, fidèles et dépendants de lui. Ceux-ci ne lui commandent rien, en particulier dans la réponse qu'ils donnent au roi («même s'il ne le faisait pas, sache que nous ne servirons pas tes dieux...»).

La figure qui me touche plus particulièrement ici est celle du quatrième homme, qui marche aux côtés des trois suppliciés dans la fournaise. Dieu ne reste pas lointain dans cet épisode de leur vie, probablement le plus intense et le plus tragique: il envoie son ange sous la forme de ce quatrième homme qui marche à côté d'eux, différent par son aspect et semblable dans sa condition.

Lorsque nous connaissons des temps de fournaise, Dieu est présent et marche avec nous pour nous aider à les traverser, voire pour nous préserver de séquelles, comme il le fait ici pour ces trois hommes.

Cette manifestation divine annonce ce que Jésus-Christ sera et fera pour l'humanité: le «Dieu avec nous», en particulier avec les plus faibles, et ceux qui reconnaissent avoir besoin de lui. Nous avons ainsi ce Sauveur, à la fois pareil à nous et différent de nous car divin, qui marche et se tiendra à côté de nous en toutes circonstances.

Prière Merci, Seigneur, car tu te tiens à nos côtés dans les moments les plus difficiles. Tu es le Dieu présent, le seul capable de délivrer.

6 mai 2020

Dieu parle de manière inattendue

Jour 52

L'Eternel dit: «Sors et tiens-toi sur la montagne devant l'Eternel, et l'Eternel va passer!» Devant l'Eternel, il y eut un vent fort et violent qui déchirait les montagnes et brisait les rochers; l'Eternel n'était pas dans le vent.
Après le vent, il y eut un tremblement de terre; l'Eternel n'était pas dans le tremblement de terre.
Après le tremblement de terre, il y eut un feu; l'Eternel n'était pas dans le feu.
Après le feu, il y eut un murmure doux et léger.
Quand il l'entendit, Elie s'enveloppa le visage de son manteau, sortit et se tint à l'entrée de la grotte. Et voici qu'une voix lui fit entendre ces paroles: «Que fais-tu ici, Elie?»

1 Rois 19.11-13

Elisée dit: «L'Eternel, le maître de l'univers, dont je suis le serviteur est vivant! Sans l'estime que j'ai pour Josaphat, le roi de Juda, je ne ferais aucune attention à toi et je ne te regarderais même pas. Maintenant, amenez-moi un harpiste.»
Tandis que le harpiste jouait, la main de l'Eternel reposa sur Elisée.

2 Rois 3.14-15

Comme il est écrit, *ce que l'œil n'a pas vu, ce que l'oreille n'a pas entendu, ce qui n'est pas monté au cœur de l'homme, Dieu l'a préparé pour ceux qui l'aiment.* 1 Corinthiens 2.9

■ Dans le dialogue entre l'Eternel et Elie, nous nous attendrions, après la démonstration de force effectuée face aux prophètes de Baal au chapitre précédent, à trouver Dieu dans le vent violent ou le tremblement de terre. Or, il se révèle d'une manière toute différente: à travers un murmure doux et léger.

Dans l'épisode des rois et d'Elisée, nous aurions peut-être imaginé que le prophète ouvrirait une copie du livre de la loi et lirait un texte, ou alors qu'il rechercherait la volonté divine à travers la prière ou un temps de silence. C'est par un moyen plus inattendu à nos yeux que l'Eternel lui révèle son message: la musique.

Paul reprend cette idée en citant un texte du prophète Esaïe: ce qui ne correspond pas à notre expérience («ce que l'œil n'a pas vu»), ce qui ne correspond pas à notre corpus doctrinal («ce que l'oreille n'a pas entendu»), ce que nous n'aurions jamais imaginé («ce qui n'est pas monté au cœur de l'homme»), c'est ce que Dieu a préparé pour ceux qui l'aiment.

Bien entendu, je ne veux pas dire qu'il faille rejeter nos expériences avec le Seigneur et l'enseignement que nous avons reçu. Mais Dieu ne rentre pas dans une case, il aime nous surprendre lorsqu'il se révèle et quand il agit. Notre Dieu est un Dieu infini, aux multiples facettes: laissons-le nous surprendre encore aujourd'hui.

Prière Père, je confesse que je t'enferme très souvent dans mes propres schémas ou mes conceptions. Rends-moi attentif (attentive) à ta voix et ouvre mon cœur et mon esprit à ce que tu as préparé, même si c'est complètement inattendu pour moi. Amen.

7 mai 2020

Les «Qui sait?» de Dieu

Jour 53

Hathac rejoignit Mardochée sur la place de la ville qui fait face à la porte du roi, et Mardochée lui raconta tout ce qui lui arrivait. Il lui précisa même la quantité d'argent qu'Haman avait promis de verser dans le trésor du roi pour pouvoir faire disparaître les Juifs.

(...)

Hathac vint rapporter à Esther les paroles de Mardochée. Celle-ci le chargea alors d'aller dire à Mardochée: «Tous les serviteurs du roi et la population de ses provinces savent que toute personne, homme ou femme, qui pénètre chez le roi, dans la cour intérieure, sans avoir été convoquée n'a droit qu'à un seul verdict: la mort. La seule personne qui reste en vie est celle à qui le roi tend le sceptre en or. Or, en ce qui me concerne, cela fait 30 jours que je n'ai pas été appelée vers lui.» On rapporta donc à Mardochée les paroles d'Esther, et Mardochée lui fit répondre: «Ne t'imagine pas que ta position au palais te permettra d'être sauvée, au contraire de tous les Juifs. En effet, si tu gardes le silence maintenant, le secours et la délivrance surgiront d'autre part pour les Juifs, tandis que ta famille et toi vous mourrez. Qui sait? Peut-être est-ce pour une circonstance telle que celle-ci que tu es parvenue à la royauté.»

Esther 4.6-14

Cet épisode représente le tournant du livre d'Esther, entre le moment où le complot est ourdi et celui où il est déjoué.

Le dialogue entre Mardochée et Esther est très instructif, particulièrement à l'aune des circonstances que nous vivons actuellement.

Un temps de crise comporte de nombreuses inconnues. Ici, la première est la réaction du roi: capricieux et velléitaire, Assuérus disposait d'un droit de vie et de mort, et il changeait souvent d'avis. Esther était contrainte d'accepter de courir un certain risque.

La question centrale du dialogue avec Mardochée est celle-ci: est-elle prête à assumer le rôle que Dieu a préparé pour elle, quel qu'en soit le prix?

Esther associait des origines particulières à sa position de reine, et tout cela la qualifiait pour sauver les Juifs. Le «Qui sait?» fait le lien entre son histoire et la providence divine.

Nous avons tous un arrière-plan et des trajectoires de vie différents, et nous nous sommes formés et préparés sans savoir forcément à quel service nous nous destinerions. Nous y avons mis du cœur, parfois même de la passion.

A quelques jours du déconfinement, ce «Qui sait?» est également pour nous. Nous ne sommes pas à notre place actuelle par accident: Dieu désire nous associer à ses plans. Il prévoit peut-être de nous faire accomplir de nouvelles choses.

Esther répond à la question: «Qui sait?» par une consécration totale; en conséquence, Dieu se sert d'elle pour opérer un renversement magistral de situation en faveur du peuple juif. Qu'en est-il de nous aujourd'hui?

Prière Père, tes plans sont si élevés que je suis émerveillé(e) que tu puisses nous y associer. Je désire prêter attention à ces: «Qui sait?» afin d'accomplir ce que tu as prévu. Amen.

8 mai 2020

Bénis l'Eternel!

Jour 54

Bénis l'Eternel, mon âme!
Que tout ce qui est en moi bénisse son saint nom!
Bénis l'Eternel, mon âme,
et n'oublie aucun de ses bienfaits!
C'est lui qui pardonne toutes tes fautes,
qui guérit toutes tes maladies.
C'est lui qui délivre ta vie de la tombe,
qui te couronne de bonté et de compassion.
C'est lui qui rassasie de biens ta vieillesse,
qui te fait rajeunir comme l'aigle.
L'Eternel fait justice,
il fait droit à tous les opprimés.
Il a fait connaître ses voies à Moïse,
ses hauts faits aux enfants d'Israël.
L'Eternel fait grâce, il est rempli de compassion,
il est lent à la colère et riche en bonté.
Il ne conteste pas sans fin,

il ne garde pas éternellement sa colère.
Il ne nous traite pas conformément à nos péchés,
il ne nous punit pas comme le mériteraient nos fautes,
mais autant le ciel est élevé au-dessus de la terre,
autant sa bonté est grande pour ceux qui le craignent;
autant l'orient est éloigné de l'occident,
autant il éloigne de nous nos transgressions.
Comme un père a compassion de ses enfants,
l'Eternel a compassion de ceux qui le craignent,
car il sait de quoi nous sommes faits,
il se souvient que nous sommes poussière.
(...)
Bénissez l'Eternel, toutes ses armées,
vous qui êtes ses serviteurs et qui faites sa volonté!
Bénissez l'Eternel, vous, toutes ses œuvres,
dans tous les lieux où il domine!
Bénis l'Eternel, mon âme!

Psaume 103.1-22

■ En fredonnant le chant «Compte les bienfaits de Dieu», j'ai pensé au Psaume 103, qui développe le même thème.
D'emblée, nous sommes encouragés à bénir pleinement l'Eternel («Que tout ce qui est en moi bénisse»). C'est une parole qui nous dépasse par son étendue. Les versets 3 à 6 nous montrent pourquoi nous pouvons le faire en exposant tout un programme de salut de Dieu: le pardon, la délivrance, la bénédiction, la justice. A la lumière du Nouveau Testament, nous comprenons que sa justice est pleinement satisfaite par le don qu'il nous a accordé.
Ce Dieu s'est révélé dans l'histoire humaine, notamment à travers celle du peuple d'Israël (v. 7). Il nous fait entrer dans cette révélation, dans ce plan, par sa grâce et sa compassion. Pour les mesurer et les apprécier, il nous faut l'expérience des années. Elles sont toujours présentes, données sans mesure.
Dieu agit envers nous avec patience et miséricorde, sans nous traiter comme nous le mériterions. En tant que chrétiens, nous

pourrions être enclins à rechercher ou à nous attribuer des mérites, mais notre Dieu ne procède pas ainsi: c'est sa grâce qui motive sa manière d'agir envers nous.

Le verset 13 marque une transition: on passe du Dieu qui déroule un plan de salut pour l'humanité et agit dans l'histoire à celui d'une relation intime avec nous. Il n'apparaît pas comme un père exigeant; il est au contraire rempli de compassion, car il nous voit tels que nous sommes. Il connaît en effet toutes nos fragilités, il sait parfaitement de quoi nous sommes faits. Ainsi, nous ne sommes pas destinés à devenir des surhommes, des êtres d'exception; c'est Dieu qui est, lui, exceptionnel.

Nous pouvons marcher avec confiance, car il est présent d'éternité en éternité. Il n'y a pas de défaillance temporelle en lui et il n'est jamais trop occupé. Il nous encourage par sa bonté et sa proximité. A la fin du psaume, Dieu nous est à nouveau présenté dans toute sa gloire, avec ses armées et ses anges. C'est ce très grand Dieu qui remplit les cieux qui, en même temps, nous a

adoptés, non en raison de nos mérites, mais par sa grâce.
Nous pouvons nous approprier ce Psaume en remplaçant «ses enfants» par notre nom au verset 13 («Comme un père a compassion de ses enfants, l'Eternel a compassion de ceux qui le craignent»). Il nous appelle aujourd'hui à le suivre, à nous mettre à sa disposition. Ce n'est pas un pari hasardeux: cela correspond à son plan et à sa décision.

Prière Père éternel, je désire te bénir de tout mon être, de toutes mes pensées, de tous mes sentiments et de toutes mes forces. Je te loue pour ton plan et ton action de salut et de pardon. Tu connais parfaitement mes ressorts intimes, tu sais de quoi je suis fait(e). Je me remets entièrement à toi avec confiance pour cette journée. Amen.

9 mai 2020

Honore ton père et ta mère

Jour 55

Honore ton père et ta mère afin de vivre longtemps dans le pays que l'Eternel, ton Dieu, te donne. Exode 20.12

Il leur dit: «Pourquoi me cherchiez-vous? Ne saviez-vous pas qu'il faut que je m'occupe des affaires de mon Père?»
Mais ils ne comprirent pas ce qu'il leur disait. Puis il descendit avec eux pour aller à Nazareth et il leur était soumis.
Sa mère gardait précieusement toutes ces choses dans son cœur. Luc 2.49-51

Comme le vin venait à manquer, la mère de Jésus lui dit: «Ils n'ont plus de vin.»
Jésus lui répondit: «Que me veux-tu, femme? Mon heure n'est pas encore venue.»

Sa mère dit aux serviteurs: «Faites tout ce qu'il vous dira. Jean 2.3-5

Jésus vit sa mère et, près d'elle, le disciple qu'il aimait. Il dit à sa mère: «Femme, voici ton fils.»
Puis il dit au disciple: «Voici ta mère.»
Dès ce moment-là, le disciple la prit chez lui.
Jean 19.26-27

«Honore ton père et ta mère», stipule le premier commandement accompagné d'une promesse. La notion d'«honneur», en hébreu *kabod*, est associée à celles de «gloire» et de «poids». On pourrait ainsi reformuler cette parole par: «Accorde du poids (ou de l'importance) à ton père et à ta mère.»
L'honneur rendu par Jésus à ses parents, et plus particulièrement à Marie, est éclairant à plusieurs titres: la soumission inconditionnelle qu'il a manifestée, enfant, à un père et une mère imparfaits et limités dans

leur compréhension est l'une des facettes de son incarnation parfaite. Il aurait pu revendiquer un statut spécial, qu'ils lui auraient bien volontiers reconnu, mais il a au contraire vécu, sans péché, la vie normale d'un jeune garçon de Galilée.

Au début de sa mission publique, alors qu'il était adulte, honorer sa mère (son père était sans doute décédé à ce moment-là) a consisté paradoxalement à s'opposer à elle quand elle lui suggérait d'accomplir un miracle. Venu pour une heure, celle où il devait se donner de lui-même pour le monde, il ne pouvait se laisser dicter son agenda par personne, pas même par celle qui l'avait mis au monde. Le moment de «quitter père et mère», de vivre l'altérité et non plus la dépendance, est de même essentiel dans l'honneur que nous portons à nos parents.

Enfin, j'admire le soin et la délicatesse qu'a démontrés Jésus en assurant, à un moment crucial, l'avenir de sa mère et en choisissant Jean pour lui apporter le soutien dont elle avait besoin. Etre là pour nos parents lorsqu'ils prennent de l'âge est aussi un honneur que nous sommes invités à leur rendre.

Si elle est inspirante, la relation qu'a eue Jésus avec ses parents terrestres est cependant singulière, puisqu'elle a coexisté avec la relation parfaite et constante qu'il entretenait avec son Père céleste. Par conséquent, à travers la parole adressée à Marie de Magdala après sa résurrection[21], il nous oriente vers un Père parfait: notre Père à tous. Parents et enfants sur la terre peuvent ainsi être unis et connaître une autre relation à travers cette filiation nouvelle, étant tous en chemin pour devenir conformes à l'image du Fils de Dieu[22]!

---

[21] «Va trouver mes frères et dis-leur que je monte vers mon Père et votre Père, vers mon Dieu et votre Dieu» (Jean 20.17).

[22] Romains 8.29.

Prière Merci, Père céleste, pour les parents que tu m'as donnés et qui ont été les premiers à me parler de toi. Je te demande la grâce de les honorer avec sagesse, jour après jour, et d'accorder de l'importance à ce qu'ils m'ont transmis.
A celles et ceux dont les parents ne te connaissent pas, je te demande d'accorder la sagesse nécessaire pour être des témoins fidèles de ta personne par l'honneur qu'ils leur portent, peut-être plus encore que par les paroles, et je te les remets avec confiance. Amen.

10 mai 2020

Eben-Ezer et Yahvé-Jiré

Jour 56

Samuel prit une pierre qu'il plaça entre Mitspa et Shen, et il l'appela Eben-Ezer en disant: «Jusqu'ici l'Eternel nous a secourus.»

1 Samuel 7.12

Abraham donna à cet endroit le nom de Yahvé-Jiré. C'est pourquoi l'on dit aujourd'hui: «A la montagne de l'Eternel il sera pourvu.»

Genèse 22.14

Ne vous inquiétez donc pas du lendemain, car le lendemain prendra soin de lui-même. A chaque jour suffit sa peine.

Matthieu 6.34

Lorsque tout s'est arrêté, le 16 mars, cela a été un choc pour chacun. Ensuite, nous avons adopté un certain rythme, en tâtonnant au départ mais en étant plus assurés ensuite. Puis, une sorte de routine s'est installée dans notre fonctionnement quotidien. Notre Dieu a soutenu et renouvelé celles et ceux qui sont restés «sur le pont» pendant ce confinement, et il a pourvu au nécessaire immédiat par l'intermédiaire de donateurs et du chômage technique. Il a aussi accompagné chacun dans cette étrange période où les repères habituels se dérobaient. Face à toutes les réponses reçues, comme Samuel, nous pouvons dire: «Jusqu'ici l'Eternel nous a secourus.»
A l'heure où nous parlons, avec la réouverture des commerces, nous sommes sur le point de reprendre une vie normale, ou presque.
Je dis «presque», car les règles de distanciation physique qui doivent continuer à être appliquées soulèvent bien des questions pratiques: pourrons-nous

circuler normalement dans les transports en commun? Aurons-nous une fréquentation normale des magasins? Les clients seront-ils assez patients pour respecter les distances? Nous pourrions avoir de nombreux motifs d'inquiétude!

Au début de la crise sanitaire, le premier texte qui nous a encouragés était celui d'Esaïe 30.15: «C'est dans le calme et la confiance que sera votre force.»[23] Aujourd'hui, à l'aube de la reprise, il reste d'actualité: certes, nous avons fait notre part en nous préparant, mais le Seigneur fera la sienne pour l'inconnu qui est devant nous.

Nous avons le choix entre deux possibilités: basculer dans la crainte, comme le peuple d'Israël qui s'est laissé effrayer par le rapport des espions, ou bien nous confier en Dieu, pour qui rien n'est flou et qui pourvoira, aujourd'hui et demain.

[23] Voir la préface.

Prière Merci, mon Dieu, car tu es présent aux moments charnières de ma vie, à la fois en me rappelant ta fidélité et tes interventions passées et en m'assurant que tu pourvoiras à tous mes besoins demain. Merci de renouveler ma confiance en toi jour après jour et d'écarter l'inquiétude de mon esprit! Amen.

11 mai 2020

Index des passages médités

Le numéro indiqué en regard de la référence correspond à celui du jour de méditation.

Des éditions à découvrir

Sous le label Société Biblique de Genève sont éditées essentiellement des Bibles ou des portions de Bible (Nouveau Testament, Evangiles). A signaler en particulier:

* la *Bible avec notes d'étude Vie nouvelle*;
* la *Bible avec notes d'étude archéologiques et historiques*;
* la *Bible Journal de bord*;
* l'initiation à la Bible *Bible express*.

Sous le label La Maison de la Bible paraissent des livres dédiés à l'exposé de la doctrine, à l'édification des croyants et à la méditation, ainsi que des commentaires bibliques. A signaler en particulier:

* la série *Pour tous* avec déjà *Pour une foi réfléchie* et *Vivre en chrétien aujourd'hui*;
* la traduction de la 3e série de commentaires Tyndale, en cours de parution;
* le livre de méditations *Manne du matin*, qui retrace aussi l'histoire de la SBG-MB.

